# 世界を変えた、ちょっと難しい20の哲学

Les Grands Philosophes et leur philosophie

Une histoire mouvementée et belliqueuse

フランソワ・ダゴニェ［著］
François Dagognet
宇波　彰［訳］

PHP

LES GRANDS PHILOSOPHES ET LEUR PHILOSOPHIE
Une Histoire mouvementée et belliqueuse
by François Dagognet

# はじめに

私が書く本では、簡潔であること、また明確であることを重視する。私は簡明に記述するが、それは本書が入門だからである。

私は、本書のなかの三つの時代区分、古代、古典時代、現代を設定しなくてはならなかった。この三つの時代は、非常に異なっていて、対立さえしている。そのため、哲学ということばそのものも使うべきではないかもしれない。

実際に、三つの時代という複数のものが重要なのである。私が区分した三つの時代は、はっきりと分けられている。この三つの時代のそれぞれにおいて、われわれは展望を変えることになる。

私は哲学史を頼りにはするが、哲学史という学問には限界があると思っている。哲学史を専攻するひとのなかには、哲学の著作を研究するときに歴史を重視しすぎる者がいる。

歴史主義がそれらの著作を脅《おびや》かし、むしばんでしまう。このような偏向を免れているのが最良のひとたちである。彼らは大学で学んだ哲学の知識を使って、体系の構造を考慮しつつ、哲学という建築物を明らかにする。彼らは全体を把握できたので、その建築物を偏向して見ることも、何かに還元してしまうこともない。

しかし、哲学者にとって本質的なことは、先行する哲学者とは異なった考えを述べ、先行する哲学者を追い越していくことである。にもかかわらず、彼らはあたかも「理論的対象」が、それ自体で、それ自体のために自足し、存在しているかのように、思想とテクストの枠のなかに閉じ込められている。

私はテクストの分析を通して、哲学者たちがどの点で相互に争ったのかを考えたい。舞台に登場する者の関心は、先に舞台に出ていた競争者を蹴落すことなのである。

したがって、哲学の歴史というものはなく、さまざまな哲学の総体が存在する。ほかの哲学のことを考えずに、それらの哲学のうちのひとつに入り込むと、不完全なもの、誤ったもののなかに転落してしまう。

哲学のひとつの体系を孤立させて考えるのは、その体系を誤解することである。それはやめて、ひとつの哲学体系と別の体系との相互の排除・対立・差異を考えよう。一般的に、それぞれの哲学体系は、最初のうち自分が従った別の哲学体系（複数のばあいもある）を批判するが、それは救いようのない攻撃性のためではなく、すでにあった哲学体系の明らかな短所や欠陥を認めるからである。あとから作られた哲学体系は、先行する体系を正したり、あるいは少なくともそれを補わなくてはならない。

結局、本書では、隠れた論理が、思考の歩みとその作業を支配している。哲学のひとつの著作をその構成を通してだけ研究するような哲学史を私は無視してきたのだが、私はその態度を改めて確認する。ひとつの哲学の著作が意味を持つには、反論や論争がどうしても必要だからである。ここでも、父殺しが必要だと言えるだろう。

もっと有害なもうひとつの哲学史がある。あまりにも歴史的に忠実なためにダメになっている哲学史、つまり哲学史を生き生きとさせている副次的なものを考慮しないで、ただ歴史をたどってひたすら再構成しようとするため、読者を失望させるような体系的な哲学史がそれだ。

しかしそれ以外にも、さまざまな哲学を若返らせ、それによって新しいもの、現代的なものになるように、古いもののなかに今日的なものの前兆を認めようとする哲学史がある。そんな哲学史も無視しよう。過去の哲学から、退行的とされる側面、時代遅れなところを取り除こうとする意図はたしかに立派だ。しかし私は、現代化できると思われている哲学のあとに来るさまざまな哲学にかかわりたい。そうした哲学の本当の現代化は、その哲学を壊すひとたちを目覚めさせ、刺激することだった。したがって哲学は、信頼があり、しっかりした一連の哲学の著作にかかわってきたのである。

また、誤った現代化をする哲学史から私は遠ざかるようにしたのだが、それによって私は形而上学を三つの独立した時代に区分したのである。この三つの時代が相互に切り離されているのは確かである。ある時代の哲学をほかの二つの時代の哲学と比べることはできないし、ある哲学の到来を他の哲学を通して見分けることもできない。

私のこうした意見から、二つの結論が生まれる。第一に、ひとつの哲学は過去に戻れないということである。というのは、哲学はその歴史が書かれると、いつも弱くなったり、勢力を失ってきたりしたからである。そうすると、哲学を再び始めることができなくなる。逆に、比較的新しい哲学を研究するひとは、それより前の哲学を知らないわけにはいかない。というのは、それより前の哲学は、新しい哲学を作るのに多かれ少なかれ役に立っているからであり、理由もなしに双方を切り離すことはできないからである。新しい理論がそれに影響を与えた理論を作り直したり、復活させたりするのはしばしばあることである。新しい理論の下にある矛盾したものを理解するために哲学史がどうしても必要なのはこのためである。

もうひとつの結論がある。哲学史の研究者たちは、哲学の理論に関しては、普通に考えられているような進歩など認められないと思っている。というのは、われわれは古い哲学の規則的な作り直しと、それと並行して、もっと確固としていてもっと完全な理論へと進んでいくからである。哲学の理論は修正されるだろうが、しかし少しずつもっと確実なものに向かうだろう。

実際には、哲学に進歩がありうるという考えを認めない点で、私は哲学史の研究者たちと同じ意見である。しかし、哲学がたえず変わるものであり、したがって、過去の哲学が戻ってくるものでないことは明らかである。社会・文化・技術（そして表現や伝達の仕方さえ）・生産・精神・言語、いずれも変化しないものはない。その結果として、今日では、われわれがそのあとをたどろうとする過去の哲学史の頂点、われわれが想起しようとする過去の哲学の激動の先端に位置しない限り、哲学することはできない。

（本書の第三部にあたる）現代哲学の部分は、この義務を十分に尊重した。現代哲学はそれを準備したものよりも加速したのである。

しかし、私がこれから書こうとしている哲学史は、不意打ちのようなものしか取り上げない。哲学史はそれほど矛盾を含んでいるのである。

哲学史と哲学は混じりあうのだが、これに対して理論家たちはさまざまな答えを示してきた。しかし私はそれらの答えのすべてを否定する。私はすでにそれらの答えの多くを拒否したが、残りについても同じである。

哲学者のなかには、「哲学史の歴史」を書いたひともいる。つまり哲学史についての考え方を年代を追って考えたのである。しかし、ある問題のレベルをひとつ上げてみても、その問題を解決したことにはならない。つまり、哲学史の歴史に対して、ただひとつの哲学についてて用いた方法を適用してもだめである。それは問題を横に並べて考えることだからである。どんな哲学でも、その前後にある哲学がわからなければ理解できない。

こういう困難な状況のなかで、多くの哲学者たちは、あまり問題が生じないような答えを求めることになる。それは、辞書を書物の一種と考えるようなやり方である。つまり、哲学者を順番に並べるのである。しかし、ひとつの問題を無視するのでは、それを解決することにはならない。その上、哲学は順番に並べても意味がない。

また、一般に広く受け入れられていて、最も有害な哲学史がある。**広く受け入れられていて有害であるから、そういう哲学史についてはもっと検討する必要がある。**

その哲学史は、基本的な哲学のいくつかの運動（プラトン、デカルト、カント）の独創性を見えなくしてしまう。彼らは同じ理論を述べただけだというのだ。それが思想の栄光を讃えることだと思っているわけである。

そのような哲学史は、さまざまな哲学に違いがあることを無視し、そして特に、ひとつの哲学は先行する哲学を否定したり、排除したりするものだということを忘れている。要するに、哲学ではあらゆるものが相互に入って行ったり、溶け合ったりしているのだ。

哲学の最初の嵐はプラトンから始まる。プラトンはイデアというものをそれ自体で存在するとし、したがってそれを感覚で把握するものと区別した。感覚で把握するものは永続しないから、不足である。プラトンの哲学の後継者たちは、イデアと、感覚で把握するものとの違いをなくそうとした。彼らは快楽と自然とを賞賛した（アリストテレス、ストア学派、エピクロス）。ギリシアの哲学者たちは、感覚を超えたものをたえず否定し、分離されたものをたえず結び合わせようとした。

たとえば、プラトンに反対する暴力的なものを認めない限り、アリストテレスの研究はできないだろう。また、当然のことだが、ストア学派は天上のもの（感覚を超えたもの）を捨てることができず、それを自然と一体化させようとした（汎神論）。要するに、ギリシアの哲学者たちは、哲学の道のひとつをたどったのである。つまり、哲学を始めると同時に哲学を宣伝する仕事をしたのであるが、自分たちの先駆者に対する異議申し立てもした。

デカルトの哲学は、第二のショックだった。それはギリシア哲学とは異なった舞台で劇を始めた。デカルトの哲学は、われわれの世界の外側や上方に思想を位置させることなく、コギト（「私は考える」）が最も重要だと主張する。コギトのなかには、われわれの宇宙の輪郭が含まれているのだ。それは反映的な観念論である。われわれの宇宙を知るためには、自分自身のなかに入って、よく考えれば十分である。ここでもまた、デカルトの後継者たちは、このような二元論を批判することになる。彼らは宇宙に対して、さまざまな力を回復させ、宇宙を超えたひとつの構造を考えてそれに与える。

しかし、ここでちょっとスピノザのことを考えておこう。スピノザは、その主著『エチカ』で、神についての考察から始めた。というのは、コギトはかならず神の存在を含んでいるのであるから、神についての考察から始めるのは当然である。個人的な前提も、発見のプロセスそのものも考えないで、存在の秩序を尊重しよう。デカルトの哲学を修正しよう。

いずれにしても、それまでの哲学に対抗する経験論が遅かれ早かれ登場する。経験論は最後には感覚性を尊重する。少なくとも経験を尊重する。カントは、この闘いのさなかに位置し、またきびしい反論があったにもかかわらず、対立関係を断ち切ったかと思われたが、やはり対立するものを結び付けることはできなかった。

カントは、答え（先験的観念論）を得るために多大の苦心をしなければならなかった。実際にカントは、時間と空間がアプリオリなもの（経験以前のもの）によって与えられるということだけではなく、時間と空間は、われわれ自身が外界を認識するばあいの基礎または条件であることも認め、証明する必要があった。時間と空間は事物のものではなく、事物の性質でもない。時間と空間は、われわれが自分たちの表象や知覚に与えるものである。この種の型（われわれが認識の対象を受け入れる感性を構成する空間＝時間的なもの）に合わせて現われないような現象は存在しない。

哲学者たちがなぜ極度にプラトン、デカルト、カントに近付くかがわかる。三人がそろって参加していたのは、同じ考え方を拡めるキャンペーンだった。それは、**精神だけに組織する力があり、実在はかたちがなくて、どの方向にも折れ曲がる、劣ったものだという考え方である**（プラトンの超越的なイデア、最も高い位置にあるデカルトのコギト、われわれが現象を認識して構成するための、カントのいう時間・空間の枠とカテゴリー）。

精神の力が人間の認識をまとめるのだということの考え方は、哲学的な思考の閉鎖性、そして一種の宗教性さえも、部分的には説明するものである。

本書の読者が私の見方に同意するならば、ヘーゲルとマルクスが失われていた統一性を回復したことが理解されよう。弁証法は、合理的なものと現実とを結び付け、両者を生み出し、あるいはむしろその一方が他方を生み出すことを可能にした。

私は、ヘーゲルの哲学を少し横に曲げたことを認める。というのは、私はヘーゲルの哲学を観念論としてよりも、むしろ観念＝実在論〔実在を無視したり低く評価するのではなく、実在が観念に由来すると考える〕として見ているからである。

ヘーゲルのあとの哲学は、別の方向に展開する。エイドス的な変化〔フッサールの考え方〕を通して漠然と理解し、把握する本質を再構成するのが現象学の立場であって、それはのちに検討されるが、プラトン以降の形而上学をとりこにしたとはいえないまでも、少なくともそれを捉えてきた古くからの問題に戻ることはできない。イデアを求める試み〔あるいはむしろ誘惑〕は、弱くなりはしたが、相変わらず求められ、再び始められてさえいる。

哲学は、もはやわれわれの世界の外側に留まっていることはできない。哲学史だけが、あるいは少なくとも哲学史に専念するひとたちの大半が、哲学を過去とそのアポリア〔解決不能の問題〕に閉じ込め続けている。現代の哲学は、戦いと問題とにかかわらなくてはならない。社会・政治・道徳、認識論、人間学などの問題である。

実をいうと、哲学は、過去から哲学を救い出したヘーゲル、マルクスの理論によって生き延びている。**哲学にとっては、宇宙を観察することも、単に宇宙のことを考えることも重要ではない。**一種の相互的因果関係によって、観念と実在とを結び付け、一方によって他方を豊かにすることが大切である。

歴史化されすぎた哲学は、プラトン以降、哲学にショックを与えてきた古くからの問題にかかわりあっている。それは、自分自身の優越性のなかに閉じこもっている合理論は有効かという問題である。思想家は、間接的ではあるがこの合理論から離脱して特権的な位置を占める。思想家は文化の基礎に配慮し、共同体のなかで特別にいい場所を確保する。

しかし私はそのような思想家のあり方には反対である。私は、思想家は自らを取り囲むものの発展を急がせるために、それを引き受け、可能ならばそれを疑問視すべきだと考える。

結局、私が特に非難しているこのような哲学史（プラトン、デカルト、カントという三人の重要な哲学者についての）、途中で断ち切られたような哲学史は、ヘーゲルとマルクスが代表する、おそらく最も決定的な瞬間だけではなく、**すべての現代哲学（私はその特色と力強さを示そうと試みてきたのだが）を台無しにしてしまった。**

そして、このような哲学史は最悪のことを避けなかった。同じような哲学の要素をどれも示している古典哲学を何らかの意味で通俗化するというのは最悪のことなのだ。

現代の哲学研究は、反対の意見を持つ者を排除しなくなっている。歴史を超えた歴史を考えるのは、そのような現代の哲学研究を非難するためである（そうした歴史は、最も重要なものを考えることによって、本当に価値のあるものに到達しようとする）。

私が自分で非難しているものに加担しているので、読者は驚くかもしれない。実際に私はサルトルが言ったような「地平の転回」などはやめてしまい、また、いま本当に新しい理論を作っているもろもろの哲学についても論じない。私にとっては、哲学の理論を本当に近代化した何人かの哲学者を論じた方がよかったかもしれない。そのような哲学者は確実にいたのだ。しかしそういうことをすれば、私のこの本は、何人かの哲学者を讃えて終りということになってしまう（最高の哲学者が勝ちますように！）。そこで私は、伝統的に評価され、認められ、歓迎されてきた哲学者よりも先には進まなかったのだ。

それに、哲学者たちを選別する権利など存在してはいない。反対するひとたちはそう主張するだろう。選択にはそれなりの理由が必要だろうし、そうなると私の仕事はきりがなくなる。さらに、えこひいきはけっして正しいものとはされないことがある。

私が言及しない哲学者たちがいることは誰でも認めるだろう。彼らはベテランのアカデミシャンによって無視され、拒否されることによって、かえって注目される。私が言及しなかった哲学者たちの能力は、彼らが他人の影響を受け入れやすかったり、自分の独自性を守ろうとしないために発揮されないし、彼らの能力は厳密さとセクト主義を取り違えてもいる。その上、革新者たちのいまの成功とこれから期待されている成功は、彼らの同時代人のほとんどを不快にするばかりである。というのは、その同時代人の多くは、過去と一方的な考察ばかりに眼を向けているからである（そして私は、プラトン、デカルト、カントという三本柱を通して、ひとつの典型を分析しようとした）。しかしやがて歴史（哲学史）は、そのような典型に値する哲学者たちに脚光をあびせるだろう。試練の時代はまもなく終る。

二〇〇一年に私は哲学用語についての著作を刊行した。今度は、哲学を志すひとに考えるための道具とモデルを提供しよう。そうした道具とモデルを使えば、変化のある哲学、戦うことが好きな哲学を通して、理論的な文化とその基礎が、もっとよくわかるだろう。

世界を変えた、ちょっと難しい20の哲学　目次

## Ⅱ　古典時代の哲学

# 新しい哲学の到来

99

装幀／石間　淳

# 世界を変えた、ちょっと難しい20の哲学

# I

# 哲学のはじまり――古代哲学

哲学のはじまりというものが大切だということを疑ってはならない。はじまりがその後の発展を決めるからだ。

だからこそ私は、ソクラテス以前の哲学者（タレス、エンペドクレス、デモクリトスなど）を、彼らの理論が豊かであるにもかかわらず、しばらくは無視する。そして私は、プラトンが伝えた通りのソクラテスから始める。何よりも私は百科事典が求めるような完全性には執着しない。それは何も犠牲にしようとしないものであって、私はそれが危険なことをのちに述べるつもりである。

他方、哲学は世界観を私たちに提供するだけのものではない。哲学はもっと先まで行くことができる。たとえば、哲学は社会を変えようとしたり、抵抗を打ち破ったり、定着しすぎた組織をこわしたり、あるいはまた、哲学者自身が激動する人生、さらには悲劇的な人生さえ体験することもある。

ソクラテスは、そうした役割をすべて引き受けただけではなく（彼は多くの思想家に問いかけて、彼らを不安にした）、死刑を宣告されもした。彼は獄舎を逃れることもできたが、そうはしなかった。そしてプラトンは、ソクラテスのヒロイズムを正当化する仕事を引き受けるだろう。プラトンが哀れむのは、ソクラテスに毒を飲ませた人たちである。

プラトンが書いた、忘れてはならない『ソクラテスの弁明』は、立場を逆転させる。つまり、有罪とされたのはソクラテスではなく、彼を有罪とした人たちである。「あなた方は、自分たちの人生を正当化しようとして私を有罪にしたが、あなた方にはまったく反対のことが起こったのだ。」

ソクラテスは、哲学を本当に創り上げた人だが、その彼は哲学に対して、比べるもののないひとつの役割を与えている。哲学は、もはや無視されたり、消されたりすることはないだろう。哲学がひとつの巧妙な建物に還元されることはないだろう。哲学はすでに都市国家の基盤をゆるがせている。哲学は人類の運命にのしかかり、世界に活力を与えるものに対応している。哲学がなければ、世界は動かなくなるだろう。

ここから、この本当のはじまりから、ためらわずに開始しよう。

この第一部で、私は古代思想全体を考える。つまり、プラトン、アリストテレス、ストア学派、エピクロス学派であって、彼らが古代思想の四本の柱である。彼らをブロックとして語ることができるほど、この四本の柱は似ているが、それにもかかわらず彼らは相互にはっきりと区別されている。しかし彼らは同じタイプの分析と展開を選んだ。もっと正確にいうと、彼らは互いに争い、先行する思想家の誤りを正すことに没頭した。たとえばアリストテレスは激しくプラトンを批判した。

私の見取図は図式的で基本的でさえあるが、欠落があったり不完全だといって非難されるかもしれない。実際に私は、ソフィストについても、キュニコス学派についても、折衷主義の哲学者〔アレクサンドリアのパタモンなど〕についても触れていない。しかし、私はそういう欠落を非難する人たちを建設的な理論の反対者と見なす。破壊や攻撃は、形而上学をよりよく作り、強固にするのに役立つだろう。したがって私が取り上げるのは、抵抗し、最後に重要な役割を演じる哲学者だけである。しかしなぜわれわれは、哲学の創始者であるソクラテスについて黙っているのか。

私が考察するプラトン哲学は、ソクラテスを復元する仕事を引き受けた。したがって、ソクラテスがまったく欠けているわけではない。

私はある時代の思想家たちの全体像を百科事典的に描き出すことは試みなかった。それは失敗に終わるように見えたからである。百科事典のような広い思想家たちの世界で、ふさわしい席を占めることができたかもしれない人たちのうちのひとりを、いつまでも忘れていたり、なおざりにしているだけではなく（なぜその人は排除されるのか、マイナーな思想家、二流の思想家から、主要な思想家はどうして区別されるのか、区別されるとすれば、どういう基準でされるのか）、このにせの完全性ほど有害なものはない。というのは、すべての思想家を扱うこと、ひとりずつ積み重ねていくことは、浮き彫りになった部分や、頂点にあるものを消してしまうからである。さまざまなニュアンスを積み重ねると、本質的なものが見えなくなる。火と水が混合されるのだ。危険な博識はやめておこう。

ジョルジュ・カンギレームによれば、哲学は神殿ではなく作業場である。哲学はむしろ戦場だと付け加えておこう。さまざまなシステムを決定するのは、それらのシステムの暴力であるが、それは積極的な暴力である。なぜならそれは新しいものを生み出すからである。それならば、運動を開始し展開するのは否定であろうか。かりに否定が作用する力を持つとしても、そのなかに訂正すべきものがある袋小路、克服し再建することが大切な構造の限界といった、そのほかの決定的な原因も、私は無視しないつもりである。

# プラトン――哲学という考え方の基礎をつくる

プラトンの哲学の簡潔な説明は、あの有名な洞窟のたとえ話から始めなくてはならない。このたとえ話は、プラトンの哲学を語るときいつも持ち出されてきたし、哲学を始めるときの人間の条件に対応している。その洞窟では、個人は鎖につながれた囚人にたとえられる。彼らに見えるのは、うしろからの光で壁に映された、本当の事物の影だけである。

この有名な舞台装置によって示されているのは次のようなことである。つまり、哲学とは最後に真実（実在）に到達するために、われわれをあざむく、感覚が捉えるにせもの（影）から顔をそむけることなのだ。囚人が鎖をほどいて動けるようになると、彼は光の方へ顔を向けることができる。しかし、太陽がまぶしくて何も見えない。彼はずっと夜の闇のなかで暮してきたので、牢獄に戻ろうとさえ考える。

だから、哲学者は徐々に解放されなければならない。さまざまな事物（実在）が水中でどのように反射することがあるのかをいつも見なくてはならない。哲学者はとりわけ、最も強く光っているものに到達する前に、夜空にきらめく星を観察するのに慣れるべきである。以前には囚人だったその哲学者は、太陽が世界を支配し、彼に命令していることを理解する。洞窟のなかで影を見ていた原因は太陽なのである。

ここではひとつのメタファーが重要である。実際、想像力による解釈を捨てて、知性で認識する世界の解釈（真理そのものの解釈）をするならば、太陽は世界の上に位置して、世界を説明する最高の善を意味する。哲学者は上に向かって昇りつめ解放されると、この最高の善に到達する。それは「あらゆるものにとって、すべて正しく、美しいものを生み出す原因」である。〔『国家・下』岩波文庫、藤沢令夫訳〕

もうひとつの誤解がある。感覚が捉えるにせものから解放されたひとが、夜の闇のなかで向きを変えるとき、たとえ囚われている仲間に自分が置き去りにされている状況を伝えるためであるにせよ、そのひとはかならず排斥され、笑われてしまう。それほど暗闇がそのひとをいらだたせる。彼は暗闇になじめず、不器用で、ひとに信用されない。テアイテトスがいうように、不器用さは「底抜けのばかを思わせる」のであり、彼は理解されないだろう。都市国家は彼を追放できるだろうし、彼を危険人物、神をけがす者として死刑に値するとすることもできるだろう。私はそこから次のような結論にいたる。あざむかれている個人に、自分たちの致命的な従属関係を教えるときには、幻想（影）の世界に入ることも、そこから立ち去ることも、いずれも困難なのだ。

「ではつぎに」とぼくは言った、「教育と無教育ということに関連して、われわれ人間の本性を、次のような状態に似ているものと考えてくれたまえ。

――地下にある洞窟状の住いのなかにいる人間たちを思い描いてもらおう。光明のあるほうへ向かって、長い奥行きをもった入口が、洞窟の幅いっぱいに開いている。人間たちはこの住いのなかで、子供のときからずっと手足も首も縛《しば》られたままでいるので、そこから動くこともできないし、また前のほうばかり見ていることになって、縛《いまし》めのために、頭をうしろへめぐらすことはできないのだ。彼らの上方はるかのところに、火が燃えていて、その光が彼らのうしろから照らしている。

この火と、この囚人たちのあいだに、ひとつの道が上のほうについていて、その道に沿って低い壁のようなものが、しつらえてあるとしよう。それはちょうど、人形遣いの前に衝立《ついたて》が置かれてあって、その上から操《あや》り人形を出して見せるのと、同じようなぐあいになっている」

「思い描いています」とグラウコンは言った。

「ではさらに、その壁に沿ってあらゆる種類の道具だとか、石や木やその他いろいろの材料で作った、人間およびそのほかの動物の像などが壁の上に差し上げられながら、人々がそれらを運んで行くものと、そう思い描いてくれたまえ。運んで行く人々のなかには、当然、声を出す者もいるし、黙っている者もいる」

「奇妙な情景の譬《たと》え、奇妙な囚人たちのお話ですね」と彼。

「われわれ自身によく似た囚人たちのね」とぼくは言った、「つまり、まず第一に、そのような状態に置かれた囚人たちは、自分自身やお互いどうしについて、自分たちの正面にある洞窟の一部に火の光で投影される影のほかに、何か別のものを見たことがあると君は思うかね？」（『国家・下』岩波文庫、藤沢令夫訳）

プラトン哲学のテクストのなかから私が選び出したのは、最も標準的で、誰でも知っているものに限られている。真理のあり方、そこから生ずる教育、さらにそこから派生する想起についての有名な理論に関しての、召使いメノンとソクラテスの対話がその例である。

プラトン哲学の体系は、最初から最後まで、イデアが本当に存在すると主張している。真理は事物のなかには存在しない。事物はどれも変化するし、不確かで、状況に左右されるからである。たとえば、大きいものは大きいが、小さいものと比べるから大きいだけである。しかし、その大きいものを、もっと大きなものと比べれば、それは小さいということになる。だから、ひとつのものが大きかったり、小さかったりすることになる。ひとつのものが大きくもあり小さくもあるといった二重の性質を持っていること、あるいはむしろ二元論は、二つの統一体を結合したもの、また二つに分割されたひとつの全体に由来する。

つまり、この二重性、二元論は対立する二つの仕方で作られる。したがって、われわれが創造もしくは生産の世界にあるとき、二元論は二つの構成要素をプラスしたものとして、あるいは分割されて生ずるマイナスのものとして存在論的に考えられよう。われわれの世界は首尾一貫していないか、少なくとも不確実である。

たとえば、美しいものが美しいのは、それ自体は変化することのない「美そのもの」を何らかの仕方で所有しているからだと考えた方がいいのである。

イデア、つまり数学にあるような理念性は、まだ感覚で捉えることができるかたちから、知性で把握できる比喩的な意味への移行を含んでいる。このイデアもしくは理念性は、われわれが生活している世界からは取り出せないような仕方で、その普遍性と必然性とによって、われわれが知覚する対象と対立する。われわれが知覚する対象は、変わりやすく、偶然に左右され、たいへん歪んでいるからである。

われわれは、線・対角線・辺・面によって考え、推論するのだが、そういったものは経験に基づかない規定である。その結果、発見とは再発見だということになる。つまり、真実はそれ自体より前にしか存在できず、真実とは記憶の再現、想起、「思い出すこと」なのである。

このように、召使いに対してきちんと問いがなされ、彼が正しく指導されるならば、正方形の面積を二倍にせよといった幾何学の問題を彼が解けるのは当然である。あらゆる人間と同じように、彼もまた感覚によらない知識を持っているのだ。しかもメノンによれば、人はその性質を「知らないものを探求するということもありえないだろう。なぜならその場合は、何を探求すべきかということも知らないはずだから。」〔藤沢令夫訳〕

想起説は、ひとつの魂が存在し、それが不滅だとする。その魂は前生において本質（特に美そのもの）を見つめたことがあるのだ。「もろもろの事物に関する真実がつねに魂の中にあるのだとするならば、魂は不死のものだということになるのではないだろうか。」〔藤沢令夫訳〕

これは多かれ少なかれ神話的で、色彩があり、想像力豊かなテクストだというべきであろうか。そうかもしれない。しかし、それは根本的な結論、まったくイデア的な真理についての結論を変えるものではない。

ソクラテス　そこで、もしこの子が人間であったときにも、人間として生まれていなかったときにも、同じように正しい思わくがこの子の中に内在していて、それが質問によってよびさまされたうえで知識となるべきならば、この子の魂は、あらゆるときにわたって、つねに学んでしまっている状態にあるのではないだろうか？　なぜなら明らかに、この子はあらゆる時を通じて、人間であるか人間でないかの、どちらかなのだから。

メノン　明らかにそういうことになります。

ソクラテス　そこで、もしわれわれにとって、もろもろの事物に関する真実がつねに魂の中にあるのだとするならば、魂とは不死のものだということになるのではないだろうか。したがって、いまたまたま君が知識をもっていないような事柄があったとしても――ということはつまり、想い出していないということなのだが――心をはげましてそれを探求し、想起するようにつとめるべきではないだろうか？（『メノン』岩波文庫、藤沢令夫訳）

プラトンのテクストには、非常に有名なものがいくつもあるが、そのうちのどのひとつも忘れられたり、見捨てられたりしてはならない。そこで私はそのテクストのひとつ『国家』（第十巻）で展開されている三つの寝椅子についての部分に注目したい。

プラトンは三つの寝椅子について語る。第一の寝椅子は神が考えたもので、神はそれに固有の建設的な論理と強さとを与えた。デミウルゴスはひとつのモデルをもとにしているが、その寝椅子は背もたれと坐るところと脚部との適切な組み合わせでできている。デミウルゴスはそのような適切な組み合わせからただひとつの寝椅子しか作れなかった。

彼がいくつも作っていたならば、たとえ用途にかなった、自然な必要性に基づいて作ったとしても、最初に作った寝椅子の欠陥を暗黙のうちに認めたことになるだろう。第二の寝椅子は、家具職人の手になるものだが、理想の寝椅子をまねて、その実現に苦心することになる。最後に、第三の寝椅子は、画家が職人の作ったものをカンバスに模写するものである。

したがって、神と家具職人と画家がそれぞれの寝椅子を作ることになる。

プラトンの分析全体は、彼が都市国家から追い出したいと考えている芸術家への攻撃である。三つの寝椅子を通して、われわれはイデアがしだいに失われ、危険に満ちた状態で消失するのを見ることになる。

実際に、画家はすでにわれわれをだましている。というのは、画家が描いたにせものの絵は、実在するものの代理だからである。私たちは寝椅子を見ていると思っているが、実際には模像（シミュラークル）を前にしているにすぎない。その上、画家はいつも違った寝椅子を私たちに示す。なぜなら彼は独創性を目ざすからである。画家は自分が選んだ視点で、斜めや正面から、あるいはそのほかの数多くのやり方で寝椅子を描く。最後には、靴屋の作る靴でも、大工の作る屋根でも、何でも模倣してしまう。ただひとつの同じ仕事に専念している職人の評判を落すような、画家の手品には気をつけなくてはいけない。

この三つの状況、存在の三つの段階は、イデアについての中心になる理論を説明している。知性が認識する天空に、（寝椅子の）本質が存在する。本質は実在において自らを実現する。というのは、労働者もしくは職人は、物そのもののなかにイデア性からの移行を確保するからである。しかしデッサン画家は、寝椅子の影ですべてを混乱させ、わからなくしてしまう。デッサン画家には、（ただひとつで複数ではない）自己性と真正性が欠けている。見かけのものや、映ったものに気をつけよう。

作られた寝椅子は、プラトンが特に重視した種類の物に属しているために、それだけ一層「さまざまな容器」と同じくらいイデアに依存している。というのは、それらの容器は使い終わってからも価値があって、存在し続けるからである。同じように、椅子は休息を可能にしたあとでも、まだ休息を可能にしている。椅子は、使われたあとでも道具として存続している。私たちはすでに実体への道の途上にある。つまり、実体は存続し、厳密に機能的な段階を超え始める。

「それでは、ここに三つの種類の寝椅子があることになる。一つは本性（実在）界にある寝椅子であり、ぼくの思うには、われわれはこれを神が作ったものと主張するだろう――それとも、ほかの誰が作ったと主張できるだろうか？」

「ほかの誰でもないと思います」

「つぎに、もう一つは大工の作品としての寝椅子」

「ええ」と彼。

「もう一つは画家の作品としての寝椅子だ。そうだね？」

「結構です」

「こうして、画家と、寝椅子作りの職人と、神と、この三者が、寝椅子の三つの種類を管轄する者として、いることになる」

「ええ、三人います」

「そのうちで神は――そうすることを望まなかったのか、あるいは、本性（実在）界に寝椅子を一つより多く作ってはならない何らかの必然性が課せられてあったのか、いずれにしても――かの〈まさに寝椅子であるところのもの〉自体をただ一つだけお作りになった。そしてそのような寝椅子が二つまたはそれより多く、神によって産み出されたことはなかったし、これから生じることもないだろう」

「それはどうしてでしょうか？」と彼はたずねた。

「こういうわけだ」とぼくは言った。「もし神が二つだけでもお作りになるとするならば、そこにふたたび一なる寝椅子が新たに現われて来て、それの〈寝椅子としての〉相を、先の二つの寝椅子はともに貰い受けてもっていることになるだろう。そして、この新たな一つの寝椅子こそが〈まさに寝椅子であるところのもの〉であることになり、先の二つはそうでないことになるだろう」

「そのとおりです」と彼は言った。

「思うに、神はこうした事態を知っているがゆえに、真にあるところの寝椅子の真の作り手となることを――けっして或る特定の寝椅子を作る或る特定の製作者となることをではなく――お望みになって、本性（実在）としてのただ一つなる寝椅子を作り出されたのだ」

（『国家・下』岩波文庫、藤沢令夫訳）

対話篇『パイドロス』(二七四E〜二七八B)のなかで、プラトンは二つの伝達手段を比較している。話されることばと文字によることば、声と字である。そしてプラトンは書かれたものよりも対話を重視する。

プラトンの主要な論点は、話されることばが交換を生み出し、関係を作るということである。話されることばには多少のズレがあって、それがことばに生命を与える(発音によってもたらされるわずかな抑揚)。話されることばは特に行為者(発音者)と聞き手の存在を前提としている。これに対して、書かれたことばのばあい、われわれはひとりであり、さらに、記憶と意味の保存の仕事を外部に(記号だけに)まかせてしまっている。

プラトンの対話篇のなかで、問いと答えがくり返されるだけでなく、重要なことなのだが、文字は語られたこと、決定されたことを書き写すだけの仕事をするばあいが多い。そのばあい、シニフィアンがシニフィエをあいまいにしたり、変形したりするおそれがないわけではない。そのときの文字は、かつて体験されたり語られたりした現実を写した、無言で生きていない絵に似ている。

付け加えておくが、ソクラテスはたしかに哲学という仕事の基礎を築きはしたものの、それを書き表わすことはしなかったのである。しようと思えば書けたかもしれないが。ソクラテスはひたすら問いかけ、また自分自身にも問いかけるだけであった。プラトンも、対話を通してだけ自らの哲学を展開した（プラトンの対話篇）。

たとえばアフリカで、また口頭だけの文明を持っている民族においては、記憶力にすぐれた老人が真の図書館の役割を演じていることがあって、そうした報告が想起される。たしかに、プラトンが高く評価する話されることばは深刻な退潮の状態にあった。しかし今日ではそれは力を得て回復しつつある。というのは、話されることばはいまや録音でき、遠くまで伝達されるからである。プラトンのテクストは、ほかの論議とともに、コミュニケーションの新しい技術が開発されるにつれて、甦ってくるのだ！


話が文字のことに及んだとき、テウトはこう言った。

「王様、この文字というものを学べば、エジプト人たちの知恵はたかまり、もの覚えはよくなるでしょう。私の発見したのは、記憶と知恵の秘訣なのですから」。――しかし、タモスは答えて言った。

「たぐいなき技術の主テウトよ、技術上の事柄を生み出す力をもった人と、生み出された技術がそれを使う人人にどのような害をあたえ、どのような益をもたらすかを判別する力をもった人とは、別の者なのだ。いまもあなたは、文字の生みの親として、愛情にほだされ、文字が実際にもっている効能と正反対のことを言われた。なぜなら、人々がこの文字というものを学ぶと、記憶力の訓練がなおざりにされるため、その人たちの魂の中には、忘れっぽい性質が植えつけられることだろうから。それはほかでもない、彼らは、書いたものを信頼して、ものを思い出すのに、自分以外のものに彫りつけられたしるしによって外から思い出すようになり、自分で自分の力によって内から思い出すことをしないようになるからである。じじつ、あなたが発明したのは、記憶の秘訣ではなくて、想起の秘訣なのだ。また他方、あなたがこれを学ぶ人たちに与える知恵というのは、知恵の外見であって、真実の知恵ではない。すなわち、彼らはあなたのおかげで、親しく教えを受けなくても物知りになるため、多くの場合ほんとうは何も知らないでいながら、見かけだけはひじょうな博識家であると思われるようになるだろうし、また知者となる代りに知者であるというぅぬぼれだけが発達するため、つき合いにくい人間となるだろう。」(『パイドロス』)
〔『プラトン全集5』岩波書店、藤沢令夫訳〕

対話篇『クラテュロス』は、つねに現実的なひとつの問題を扱っている。単語の起源と性質という問題である。

このテクストでは、二つの考えが対立している。名前は便宜上のレッテルにすぎず、どんな名前を付けてもいいのだというヘルモゲネスの考え方と、名前は人間についてにせよ、物についてにせよ、それが示している対象の本質を表現しているとする『クラテュロス』の考え方である。

『クラテュロス』のテクストはさらに先へと進む。あるばあいには、単語がどのような単位から構成されるかが示される。その単位とは文字のことである。私たちがα《アルファ》とかtを書いたり聞いたりするとき、私たちはひとつの停止を期待している。oは丸いものを表現し、gは滑るものに対する妨害を示す（つまりgはねばり気のあるもの、甘いものを示すのであって、そのギリシア語glukuがglucose〔ブドウ糖〕という語を作る）。つまり、クラテュロスによると、言語は存在を示すのである。「名前がどのようなものであるかを知ったとき、その人は当の事物を知ったことになるであろう。」

プラトンは、遠慮がちではあるが、はっきりと判断している。彼はその著作のいたるところで、欺《あざむ》く分身を非難する。というのは、われわれはオリジナルとそれにそっくり似たものとを識別できないからである。画家が描く絵も、同じ理由によって、まねたりコピーしたりしたあらゆるものと同じく疑問視される。実在を巧妙にまねる影も同じである。

そしてプラトンが『クラテュロス』のなかで私たちに想起させるのは――名前は勝手に付けられるという説を補強するものだが――「同一の事物にいくつかのギリシア人の国家が異なる名前をつけている、またギリシア人の国家が外国人の国家と、異なる名前をつけている」ということである（『クラテュロス』三八五E）。しかし、この相対主義的な見方は絶対に必要というわけではない。結局、それぞれの国家は、それが名付けるもののなかで際立った面しか考慮できない。しかし、それはけっして単なる作りごとではない。実在の豊かさと、実在が開く視野を認めれば十分である。
別の議論に移ろう。オノマトゥルジュ（事物にその本当の名前を与える者）が、自分が示す実体の本性から影響を受けると仮定しても、プラトンの意見によるならば、それによってその事物が別の仕方で考えられることもありうるのである。その事物が変わっていくという事実があるからである。このばあい、その事物を示すことばは、実在するものからはずれていて、それとぴったり合ってはいない。しかし、現代の思想は実体をすっかり変化させ、過去を消すことができるのだろうか。厳密に言えば、現在は過去を補うことはできても、消すことはできない。

ソクラテス　君はからだ（soma）のことを言っているんだね。
ヘルモゲネス　そうです。
ソクラテス　うん、これはねえ、いろいろに言う〔説明する〕ことができるように、ぼくには思えるのだがね。先ず〔最初の二つの説明では〕ほんのわずかだけ〔名前の〕形を変えるならば、それで結構なのだ。というのは、ある人々の言うところでは、からだ（soma）は魂の墓（sema）なのだ。つまり、魂は、この現世においては、からだの中に埋葬されているという意味だがね。それからまた、魂は、自分の示そうとすることを、からだでもって示す（semainein）ので、この意味でもやはり、からだはsema（しるし、符号）と呼ばれて正しいのだ、と言われている。だけれども、ぼくに一番本当らしく思えるのは、この名前をつけたのはオルペウスの徒であるということだね。つまり、〔オルペウス教徒の考えでは〕魂は犯した罪のために償いをしているのだ。そして保管〔拘束〕される（sozesthai）ために、牢獄にかたどった囲いとして、からだをもっている、というわけなのだ。だからそれ〔からだ〕は、名づけられている名前そのままに、魂が負目を償うまでの、魂の soma（保管所、拘束所）なのであり、この場合は全然一文字だって変える必要はないというわけだ。（『クラテュロス』）〔『プラトン全集2』岩波書店、水地宗明訳〕

プラトンの哲学が豊かであるのは、教育・語・知識・都市国家・法・社会組織、さらには魂とその規定といったあらゆる問題に取り組んでいるからである。

このように、プラトンの対話のおかげで、私たちは感覚で捉えられるものから離脱して、少しずつイデアに到達し、さらに最高善に至る。そして多くの領域を知ることになる。実際、解放するその運動は、単に知性的・思弁的な仕方でなされるだけではなく、もっと大きな、つまり、人間はその感情や執着や好みを通して高まっていくという意味での実存的な仕方でもなされる。人間は、身体的な出産だけではなく、不滅な詩作をも求め、さらに国家の安定に都合のいい法律の制定、学問、そして美そのものを目ざす。私たちはいつも、感覚で捉えられる不確定なものから、知性が捉えるもの、つまり絶対へと進んでいく。

「恋」を讃えるいくつかの言説を集めた対話篇の『饗宴』のなかで、プラトンは二つの恋を区別しているが、私はそれを無視するわけにはいかない。それは、「肉体、特に女性の肉体に執着する民衆と、特に魂の方へ向かう大空のアプロディテ」である。天空のアプロディテは「ただ男性のみにあずかって女性とは無関係」であり、……天空の「この恋（エロース）の霊気を吹き込まれた人々は、本質的に強壮で理性に恵まれたものの方を愛するからして、男性のもとに赴くのである。」（『饗宴』一八一C）

アリストパネスの演説を取り上げよう。アリストパネスによるとわれわれの始まりはアンドロギュノス（両性具有者）と、男が二人重なった者、女が二人重なった者だった。その人間のかたちは丸いか球形だった。しかし彼らが天空に登ろうとしたので、ゼウスは罰として彼らを二つに等しく切り分けた。それ以後、半分にされた人間は、自分から切り離された相手を探し求めることになったのである。ここでプラトンは、以前に分割された男と女は、それぞれ自分の半身だった男もしくは女しか愛さず、かつてアンドロギュノスだった者だけが、片割れの異性を愛するのだと考えた。プラトンは男と男の融合がすぐれた融合になると主張し続けた。「この連中を恥知らずだと言う者があるが、それは真実を知らない者の言である。なぜなら、その少年たちがそういうことをするのは恥知らずのせいではなく、かえって大胆であり、勇気があり男らしいからである。つまり、彼らが自分と同じようなものを悦ぶからそうするのである。」（『饗宴』一九二A）

ソクラテスは最後に語る。より正確には、マンティネイアから来たディオティマという女性の神官に先に語らせる。彼女は恋がポロス（資源）とペニア（貧困）から生まれたと主張する。しかし、生まれたからといって、死なないわけではない。哲学者は身体というものなど超えることができるだろうし、精神の豊かさに欠けることもないだろう。私たちは精神の豊かさのおかげで、絶対的な美という最高段階に到達する。いずれにしても、（生殖もしくは生物的なものである）血筋の立派な人よりも、思慮深い政治を尊重する、公共広場の像の方がましである。

いま述べた知恵とかそのほかのもろもろの徳とかを、誰かが人並み以上の神的な資質の者ゆえに年若いうちから魂の面で身籠ってきて、いよいよその年齢がやって来たために、今やしきりに出産分娩したがる場合、思うにこの者もまた歩きまわって、出産の座となるべき美しいものを探し求めるのです。なぜなら、醜いものの中で生むことは決してないでしょうから。したがって、そういう者は身籠っているからして、醜い肉体よりも美しい肉体を悦ぶのであり、その上、美しく高貴で素性のよい魂に出会えば、この身心両面の美を合せ持ったものを悦ぶことはたいへんなものです。そしてこの者に対しては、徳に関する話とか、よき人とはいかなる人間であるべきか、また平生何に励むべきか、ということについてすぐに言葉がいくらでも出て来て、彼を〔立派に〕教育しようと試みるのです。思うに、そういう者は美しい者に触れその者と交るとき、以前から身籠っていたものを出産し、そばにいても離れても彼のことを忘れず、共に相携えて生れたものを育て上げます。ですから、こういう人々はお互いに対して、現身《うつしみ》の子供によるつながりよりもはるかに偉大な繋がりとしっかりした愛情とを持つことになります。それは、より美しくより不死なる子供を共有しているからです。そして人は誰でも人間の子供を持つよりは、このような子供を持つ方を歓迎するでしょう。そして、ホメロスやヘシオドスや、そのほかのすぐれた詩人たちを望み見て、そのような子供を彼ら自身のあとに残していることに、この人たちを羨むことでしょう。つまりその子供というのは、それ自身不死なる名声と想い出とに価するものであるがゆえに、これらのものをかの詩人たちに付与しているのです。またお望みなら、リュクルゴスに対してであるが、彼がラケダイモンの、そして言うなれば全ヘラス（ギリシア）の救い主として、そのような子供をラケダイモンの地に残したことを羨しく思うでしょう。さらにソロンもまた法律を生み出したために、あなたがたのところで尊敬の的となっておりますし、その他ヘラスでもヘラス以外の土地でも至る所で、いろいろな人が多くの偉業を顕現し、ありとあらゆる徳を生み出しました。そしてこれらの人人には、そのような子供ゆえに、今までに神殿がたくさん建てられてきましたが、人間としての子供のゆえにそうなった者は、未だ一人もいないのです。（『饗宴』）〔『プラトン全集5』岩波書店、鈴木照雄訳〕

ほかのいくつかの対話篇と同じように、『ティマイオス』は、プラトンの思想のひとつの変化を示している。私がそれを取り上げるのはそのためである。クリティアスとヘルモクラテスが加わるこの対話では、「宇宙《コスモス》」と同じ法則・原理に従った、小宇宙としての人間の形成と、「世界」の形成が論じられる。人間と世界について、創造されたものに秩序を与えなければならない。

宇宙全体についてはデミウルゴスは、形態として最良のものである球形を与え、その中心に魂を置く。魂はそれが支配する全体に力を及ぼす。魂それ自体は、同じものと異なったものとの結合によって作られる。二つの対立項から生ずる媒介者である実体が魂なのだが、その魂はさまざまな意見によって作られ、特に学問に到達できる。

しかし創造者はさまざまな存在をこの大きな球のなかに住まわせた。最も高いところには、神々である天の種族、その次には翼のある種族、そして最も低いところには水に住む種族、陸上を歩いたり這ったりする種族を配置した。幾何学的なかたちの要素も忘れないようにしよう。正四面体が火を、正八面体が空気を規定するなどである。〔訳者注、プラトンの原文とは多少異なっている〕

人間について、私たちはその魂が死滅するものであることを認めなくてはならないが、しかしそこに神的な部分があることも認めるべきである。死滅する部分は胸にあり、神的な部分は頭にある。頸が両者を区分する。魂のなかで死滅する部分は、ほかの部分よりも優れているので、横隔膜と頭とのあいだにある。しかしほかの部分は〈飲食を〉欲求する本能的な部分なので、横隔膜と臍《へそ》のあいだにある一種の秣桶〔胃を指すとされる〕に存在する。『ティマイオス』は私たちのさまざまな器官（肝臓・脾臓・肺など）の性質と機能を詳しく分析し、人間の身体に起こりうる病気を検討するが、そうした病気は私たちの過度の行為から生ずることが多い。私たちが健康を維持できるのは、魂と身体の調和を保てるときだけだが、音楽と運動はそのとき役に立つのである。

われわれに強い印象を与え、またこれから示すプラトンのテクストの重要性を示しているものは、展開されていく新しさではないにしても、さまざまなニュアンスであって、それは魂のニュアンスである。それはばあいによっては物質的であって、魂が生気を与える身体全体に拡がるものである。それは精神と物質との不可分を示しているように見える。さらにプラトンはここで製作と生成の図式、さらには模倣の図式に訴える。というのは、宇宙の神はひとつのモデルを再生産（複製）するからである。

結局、『ティマイオス』において、魂はその単純性と統一性とを失った。それは『パイドン』が熱をこめて主張したことである。『ティマイオス』では、魂はその多様性と複数性（魂の三分割）において理解される。

プラトンの思想は自説を否定したのではないが、哲学を大いに作り直したのである。本質的な変化はないが、しかしそれまでプラトンが非難し否定したことがそのまわりに存在している。

神は、これらすべてを、まず秩序づけ、次いで、それらのものを材料にして、この万有を――すなわち、死すべきもの、不死なるもの、すべての生きものを、自己自身のうちに蔵するところの一個の生きものを――構成したわけなのです。そして、神的なものについては、神自身が、その製作者となったのですが、死すべきものの誕生のほうは、その製作を、自分が生み出した子供たち（神々＝天体）に命じたのでした。そこで神の子らは、父に倣《なら》って、魂の不死なる始原を受け取ると、次には、そのまわりに死すべき身体をまるくつくり〔＝頭〕、それに乗りものとして身体全体を与えたのですが、またその身体の中に、魂の別の種類のもの、つまり死すべき種類のものを、もう一つつけ加えて組み立てようとしました。ところがこの種の魂は、自分のうちに恐ろしい諸情態を、必然的に蔵しているものなのです。――まず第一には、「快」という、悪へと唆かす最大の餌。次には「苦」、すなわちわれわれをして善を回避させるもの。なおまた「逸《はや》り気」とか「怖れ」とかいう、思慮のない助言者たち。宥《なだ》め難い「怒り」。迷わされやすい「期待」――と言ったものがそれです。しかし神々は、これらのものを、理《ことわり》をわきまえない感覚と、敢て何にでも手を出したがる情欲と混ぜ合わせて、魂の死すべき種族を構成したのですが、これは止むをえない必然によるものだったのです。

そして、まさにこれらの諸情念によって、かの神的なもの〔理性〕を――万止むを得ない場合は別として、さもない限り――穢すことになっては、と、神々は憚《はばか》って、この、〔魂の〕死すべき種族を、神的なものから離して、身体内の別の住居に住まわせたのです。そして、その隔離のためには、頭と胸の間に「頸《くび》」を介在させることによって、この両者を仕切る境界となる峡部をつくったのでした。こうして、神々は、胸、あるいは、いわゆる「胸郭（トラクス）」の中に、魂の死すべき種族を縛りつけようとしたのです。そして、この種の魂の中にも、本来的にすぐれたものと、劣ったものとがあるので、ちょうど女の住居と男の住居を区別するように、この胸郭の腔所にも改めて、その真ん中に隔壁として「横隔膜」を置き、そうすることで、これに仕切りを入れたのでした。さて、魂のうち、勇気と血気をそなえた、負けず嫌いの部分は、これを、頭に近く、横隔膜と頸の間に住まわせました。（『ティマイオス』）〔『プラトン全集12』岩波書店、種山恭子訳〕

# アリストテレス——大切なのは幸福になること

アリストテレスは、プラトンの哲学を批判することによって哲学の世界に登場してきたのだが、最初のうちはプラトンに賛同していたのである。

プラトンは本質（イデア論）と事物とを分けて考えたが、その時に第三の人間というものを想定して、知性によってのみ認識できるものと感覚で捉えるものとの調和を試みたが、うまくいかなかった。アリストテレスはこのような本質と事物との区別を否定する。実際、人間のイデアが、生身の人間から分離されているものとすると、人間それ自体と、経験に基づく人間という対立項に共通する第三の人間を認めなくてはならないことになる。そうすると、分離されているものをひとつにする手段が必要になる。両者をつなぐための第四の人間が必要となり、同じことがいつまでも続く。

アリストテレスによるもうひとつの反論は超越的なイデアはどのように作用するのかという疑問である。生産と運動には動作因《どうさいん》が必要である。しかし、イデアはその役割を演じることができない。つまりプラトンは、結果をもたらすものの重要性と様態とを見誤っていたのである。

人間それ自体は、人間であるとともに二本足の動物でもある。人間はひとつの積み重ねられたもの（多様体）に変形されている。それでは単一性をどのように理解したらよいのか。壊されたもの、消えたもの、存在してはいないが記憶に残っているもの、意味のないものについて、（知性によってのみ認識できる天上界の）イデアを認めることはむずかしい。それとも、あの不当にも本質と呼ばれているものの数を制限すべきであろうか。

実在の外側にイデアがあると考えてはならない。問題をむずかしくしたり、解決不能にしたりする二重性というものをやめるようにとアリストテレスは要求する。何ごとをも解決しない分有《ぶんゆう》というプラトンの考えに頼るのはやめるべきである。プラトンの考えは神話を使うということである。それによって問題を困難にしてしまうのであり、説明も解明もできなくなる。具体的な人間だけが実体と見なすのであって、プラトンのイデアという抽象的で普遍的なものは実体ではない。

アリストテレスの哲学の根本は質料形相論《しつりょうけいそう》〔わかりやすくいうと、材料にかたちを与えて存在ができるという考え方〕であって、それは実在する実体の別の名である。イデア（決定因）は、質料に刻み込まれる。そこで、結合、特に魂と身体の結合というアリストテレスの考えは、プラトンの二元論と対立する。というのは、魂はそれが表現されている身体の外側には存在しないからである。

要するに、アリストテレスの哲学はプラトンの哲学とはまったく異なっている。しかし私はアリストテレスの科学と哲学がプラトンと対立するものであることを特に主張するものではない。

とくに最も疑問とされてよいのは、そもそもエイドス〔形相〕が感覚的な事物に対して（永遠なそれら〔可視的諸天体〕に対してもあるいは生成し消滅するそれらに対しても）どれほどの役に立っているかという点である。

なぜなら、エイドスは、（a）これらの事物に対してそのいかなる運動や転化の原因でもないからである。のみならずそれは、（b）他の事物を認識するのになんの役にも立たない。なぜならエイドスはこれらの事物の実体ではないからである、――もし実体〔基体〕であるなら、それはすでにこれらに内在しているはずであるから。――なおまた、（c）もしそれがそれに与かる事物に内在していないとすれば、これらの事物の存在するのにも役に立たない。たとえそうであるとしても、それはおそらく、たとえば白それ自体が或るものと混合するによってこのものを白いものにするというような意味で原因であると考えられるだけであろう。

ところで、これは、最初にアナクサゴラスが唱え、のちにエウドクソスその他の人々の唱えたものであるが、簡単にくつがえされる。というのは、このような考えに対しては容易にその不可能な点を数多く指摘しうるからである。

しかしまた、（六）他の事物がエイドスからであるということも、これが普通に言われる意味でのからであるということは、どうみても不可能である。エイドスは原型であり他の事物はこれに与かると語られているが、こう語ることは空語することであり、詩的比喩を語ることにほかならない。というのは、（a）たとえばイデアをながめつつ作り出す者というのはなに者なのか？　また、（b）どのようなものでも、或る他のなにものかを模写してではなしに、しかもこのなにものかに類似して存在しうるし、また生成しうる。こうして、たとえソクラテスそれ自体なるものが存在しようと存在すまいと、ソクラテスのような人間は生成しうる、そしてこのことは、明らかに、ソクラテスなるものが永遠的な存在であろうとあるまいと同じことである。また、（c）同じ一つの事物に対して多くの原型があり、したがってまた多くのエイドスがあるということになる。たとえば同じ一つの人間〔すなわち二本足の動物〕に対して「動物」も「二本足」もその原型であり、さらに「人間それ自体」もそうであるということになる。（『形而上学』A九九一a）〔『アリストテレス全集第12巻』岩波書店、出隆訳〕

ここで一種の例外を考えることにしよう。というのは、アリストテレスは、あれほど激しく批判したプラトンの哲学に逆戻りするおそれがあるからである。

アリストテレスは、その著作のすべてにおいて、秩序を与えられ、特に階層化されている私たちの世界の分析に専念した。したがって彼の哲学のテーマは、あらゆる本性の再編・再分類であった。そのなかには、あらゆる発言・カテゴリー・運動・生命体などが含まれていた。

しかし、『天体論』も『形而上学』も、世界の最も上の場所に、生成も消滅もしない上位の領域を置いている。そこには、天の星たちの生命を支配する必然性が存在する。このような星の世界は地上の世界とはまったく異なっている。ここには、プラトンの哲学の基礎である、知性のみによる認識と、感覚で捉えることというあの二元論が再現されている。私たちの世界を作っている要素は相互に変化するが、不変の天はひとつの特別な要素に依存している。それはエーテル〔アイテール〕、つまり第五元素で、それが天界が不変であり、規則性をもつただひとつの原因である。またこの要素は、デミウルゴスを創造者とするプラトンの『ティマイオス』とは逆で、不滅であり、始まりも終りもない。

われわれは、この天界の向こう側に、変化一般とは無関係に、それ自体は動かない第一動者というものを考えるか、少なくともその存在を認めなければならない。第一動者の働きは、現実態における理性の働きであって、純粋な現実態である。第一動者は何ものからも影響されず、いかなる規定にも従わない。第一動者は、自らが触れるものによって触れられることがない。『形而上学』のなかではっきりと述べられているように、第一動者というこの最高の知性は自分自身を対象とする知性であり、「その思惟は思惟の思惟である。」

世界（宇宙）全体についての理論家であるアリストテレスは、世界のすべての領域での連続性を認めない。アリストテレスは階層化する（すでに、上位は下位と対立するように見える）。アリストテレスは存在の階層を認める。一番上には、質料のない不動の動者、純粋な形相、永遠の現実態が存在し、その次には、諸々の惑星の天球、すなわち知性の現実的な活動を模倣する下位の球体が存在し（それらの球体は、実在する質料の実体で不変なもの）、その下には生きている人間が存在する（彼らもまた、生殖しなければならないので、永遠に存続することを望む）。最後に、一番下の段には、物体がある。

したがってわれわれの世界は、巧みな階層になっている。しかし、非質料的な領域があり、それが第一動者である。それは不動で、あらゆる質料から分離されていて、特に理論的な学問、最高の存在とその属性についての学である神学の対象になっている。神学は神についての学であり、最高の存在とその属性を対象とする。

もしなにか永遠的であり不動であり且つ離れて存するところのものが真に存在するとすれば、これを認識することが或る理論的な学のなすべきことであることも明白である。とは言え、これは自然学のなすべきことではない（なぜなら自然学は或る運動するものを対象とするから〕、しかしまた数学のすることでもなくて、かえってこれら両者よりもより先なる〔第一の〕学のすべきことである。すなわち、自然学は、離れて〔独立の個体として〕存するがしかし不動ではないところのものどもを対象とし、数学のうちの或るものは、不動ではあるがおそらく〔質料から〕離れて存しはしないでかえって質料のうちに存するところのものどもを対象とする。しかるに第一の学は離れて独立に存するとともに不動であるところのものどもを対象とする。ところで、およそ原因たるものはすべて永遠的なものであるのが必然であるが、ことに第一の学の対象たるものどもは必然的にそうである。なぜなら、これらは、神的諸存在のうちの明らかな事象にとって〔その運行の〕原因であるからである。

さて、このようにして、三つの理論的な哲学があることになる、すなわち数学と自然学と神学とが（けだし〔ここに神学というのは〕もし神的なものがどこかに存するとすれば、それは明らかにあのような〔独立、不動、永遠な〕実在のうちに存すべきであり、そして、最も尊い学は最も尊い類の存在を対象とすべきであるから〔これを対象とする第一の学は神学と呼べよう〕）。こうして、一般に理論的な諸学は他の諸学よりもいっそう望ましいものであるが、理論的な諸学のうちではこの神学が最も望ましいものである。（『形而上学』Ｅ一〇二六ａ）

〔『アリストテレス全集　第12巻』岩波書店、出隆訳〕

アリストテレスの自然学は、（不動の存在とは対立する）運動を重視する。運動は彼の哲学の中心にあるからである。運動をもろもろの状態の継起と考えてはならない。運動は現実化のプロセスそのものであり、二つの対立するもの（欠如と限定のように、光を求める闇と、熱さに変化する冷たさといった、同じ類のなかの対立）のあいだの移行である。

次のような難問は避けることにしよう。すなわち、このような考え方に従うと、生じて来るものは、存在か非存在から生じてくる。しかし、存在が存在から生じることはありえない。存在はすでに存在しているからである。また非存在からも存在が生じてくることはない。非存在からは何も生じないからである。この運動には始まりも終りもない。始まりを認めると、それ以前の時間、単なる潜在性の状態を考えなくてはならないことになる。そうすると、どのようにして最初の運動が生じたかがわからなくなる。生きものは胚から生まれるが、胚はそれ自体（現実態の）成体へと差し戻される。元来の最初の状態を考えることはできず、まして終りや消滅は考えられない。同様に、ある物体がもと存在した場所から離れるとしたら、空虚を認めて、空間から物体を切り離すべきではないのか。逆に、充実状態においては、運動は不可能と思われる。というのは、運動はもとの場所を離れて別の場所を占めなくてはならないからである。

しかし、アリストテレスはこのような反論を否定する。瞬間的な置き換えを考えれば足りるというのである。さらに、もしもわれわれが空虚を認めていれば、空虚のなかで生じたとされる運動は方向がわからなくなったであろうし、どの方向にも進めなかっただろう。永遠で無限なこの運動、可能態から現実態への移行、可能態だったものの現実化（熟していく果実を考えるといい）は、時間というものを考えさせ、定義するのに十分な材料である。またそれは、運動以前にあるとされる時間、運動が存在していなかったときの時間など考えられない理由である。

アリストテレスはすぐにカテゴリーを作って分類するのが好きである。そこでまったく質的な自然学においても、運動をタイプで分ける。すなわち、（質に関する）転化、（量に関する）増大、（場所に関する）移動である。この際、自然に逆らった運動である変化は除外する（投げられることによって、低いところから高いところへ飛んでいく小石は、石という類から離脱する）。

このようなさまざまな運動のなかで、ほかの運動がそこに還元できる転化をアリストテレスは重視する。増大は、大きさという性質の転化に帰着するからである。

どの運動も、同じ類のなかで対立する二つのもののあいだで生ずるか、円運動には始まりも終りもない（運命の車は無限に回る）。しかし私はこの円運動が恒星の運動、天球の運動にあると考える。

だがとにかく、われわれの見るところでは、かれらの言う空虚は、（a）その一つの意味では、触覚で感知される物体で充実されていないもののようである。だが、触覚で感知されるものというのは、重さまたは軽さをもつもののことであった。そこで、われわれはかれらに問うてみよう。もしそのすきまが色をもち、あるいは音をもっていたとしたら、かれらはそのすきまをなんと言うのか、それは空虚なのかそうでないのか、と。おそらくかれらは、もしそのすきまが可触的な物体を受け容れるなら〔それが色をもっていようと音をもっていようと〕、それは空虚であり、もしそうでないなら空虚ではない、と答えるにちがいない。

だが、（b）他の意味では、かれらの言う空虚は、それのうちに「これ」と指示されうる個物すなわち或る特定の物体的実体の存在しないそれのことであるようである。それゆえ、或る人々は空虚を物体の質料であると言うのである（しかもこの人々が、場所をもこれと同じように物体の質料であると言っている）、だがその言うところはよろしくない。というのは、質料はその当の事物から離れて存するものではないのに、かれらは空虚を〔質料であると言いながら〕離れて存するものとして探究しているからである。

ところで、場所はすでに規定されたとおりであり、そして空虚は、もし空虚というようなものが存在するとすれば、それは必然的に物体の欠除された場所であるということになるが、場所がどのような仕方では存在し、どのような仕方では存在しないものであるということも、前述のとおりである。だからして、明らかにそのように、空虚も、或る人々の言うような〔実在としての〕意味では、物体から離れたものとしても離されないものとしても、存在していない。というのは、空虚は物体ではなくて、物体のもつ広がり〔すきま〕であるということになっているからである。だがそれゆえにまた、空虚は、場所もそうであるからとの理由で、しかも場所の場合と同じ理由〔論拠〕で、或るなにものかであると考えられているのである。（『自然学』Ⅳ七二一四Ａ）〔『アリストテレス全集　第３巻』岩波書店、出隆・岩崎允胤訳〕

分類は、どうしても必要な階層化と結び付き、アリストテレスの哲学の中心にある。アリストテレスの哲学は、方法的な編成を通して、世界の内在的な秩序を発見しようとする哲学である。アリストテレスの分類学は具体的な論理学に基づいていて、ほかの成果もあるが、三段論法に通じている。三段論法は、それ自体がさまざまな名辞やカテゴリーのつながりと不可分である。『分析論後書』は、その三段論法を明瞭に説明している。「肢体の乾燥しているものはみんな長命である／鳥類はみんな肢体が乾燥している／したがって、すべての鳥類は長命である。」（『分析論後書』Ⅱ、17、９９６）

結論は、さまざまな存在（物・制度、そして特に動植物）を支配する関係からもたらされる。

アリストテレスは、目盛をつけ、配分する方法についての説明を怠らなかった。そしてプラトンの哲学を批判するためにそれを用いた。たとえばプラトンは対話篇『ポリティコス』のなかで、二分法を使って配分を行なっているが、それによって彼はさまざまなグループを分解することになる。さらに、プラトンはそのよくない二分法のなかで「欠如」に頼ることもあった。非存在という種概念は存在しないのだから、ひとつの特徴が存在するかしないかによって、勝手な類似関係に導かれることになるにもかかわらずそう考えたのである。私たちは、羽があるかないかという区別も、羽のある動物が野生か飼われているかという区別も考えない。というのは、もしもそうした方法を認めるならば、同じ類の種の多くが相互に無関係になるからである。

不在という考え方を考慮すべきではないが、それでも血が不在である無血動物という考え方は認めなくてはならない。というのは、無血動物の生理学的な特徴は、ある欠如によるものではなく、血液に似た、無脊椎動物の体液の存在を示しているからである。最もはっきりした面、最もよく見える面は、区別の要因と見なされてはならない。もしも二本足を分類の基準にするならば、人間と鳥類は同類ということになるだろう。

分類学のこのような問題においては、二つの単位、二つのグループのあいだに中間的なものが入ってきて、両者の境界をぼかしているために、われわれは難問にぶつかる。卵胎生動物は、胎生動物と卵生動物の中間にあって、生身の動物を産むが、生まれた子どもは、胎内では卵として生まれたのである。その動物をどのように分類したらよいのか。構築されたものを解体し、世界を弱めてしまうようなつながりを増やそうとしているのだろうか。

しかしアリストテレスはデータに左右されず、まさに分離し区別するために生物全体を考える。彼が生成の様態を重視するとき、彼は生命の様態、もっと正確にいうと移動（彼の自然学の中心にあって、運動と同類）、つまり歩行・飛行・爬行・波動などが重要だとする。あるいは、アリストテレスは重い体の無脊椎動物の分類を可能にする、貝がら・うろこ・甲殻・体毛といった、保護する外被に基づいて分類する。他方、人間はむき出しの皮膚と直立姿勢によって、ほかの動物と区別される。

私たちは「形相と質料」という対立関係を捨てない。質料の重みはいくつかのものを動かなくし、それらの外被となる。

個々の動物種の定義に達するのに、類を二つの種差に分けていく人々もあるが、この方法は容易でないこともあり、不可能な場合もある。なぜなら、有足――二足――裂足と分けていく場合、その中で〔本当の〕種差は〔最後の〕一つだけで、これだけが主要な点であるから、その他は余計なものなのである。もしそうでないとすると、同じことを何度もいわなければならないことになる。

さらに、たとえば鳥類を一部は或る分割項、他はまた別の分割項で取り扱うというように（書物にある「分割法」はそうやっているが）、まとまった一つの類をばらばらにしない方がよいのである。現にあの「分割法」では鳥類の一部は水生動物〔魚類〕と一しょにして分割され、他はまた別の群に入れられている。ところでこの〔鳥類に共通な〕類似点には「鳥」という名がついているし、もう一つには「魚」の名がある。(『動物部分論』六四二b)

〔『アリストテレス全集8』岩波書店、島崎三郎訳〕

アリストテレスの『霊魂論』も決定的に重要である。そこでアリストテレスは、霊魂と身体のつながりという考え方を展開している。その考えは、形相と質料の共生という概念を直接に反復したものである。実体は生命によって浸食されると同時に生命を受け入れる。アリストテレスは終始プラトンと対立しているのである。(植物の段階、感覚運動の段階、理性の段階という)この現実化のいくつかの段階を考えなくてはならないが、そうした段階は分離も並置ももたらすものではない。というのは、霊魂は相互にからんでいて、結局はひとつだからである。要するに、個体性は身体がなければ理解できない。霊魂は身体とつながっていて、それは純粋な知性主義や単純な唯物論を排除するものであるから、内面性とか主観性というものは捨てることにしよう。

そうすると、われわれは人間の身体の優越性を認めなくてはならない。すでに人間の身体は、直立の姿勢と頭部の発達(下を向いていない)によって特徴的であり、手も二本持っている。手が二本使えるからといって人間が知的だというわけではないが、人間には知性があるからこそ、手を自由に使えることが役に立つのである。ここで個体化の問題を少し考えておこう。主体を特定するのは形相（かたち）なのだろうか。しかし、かたちは誰にとっても同じであるから、自分をオリジナルなものにするためには身体に頼ってはいけないのだろうか。

感覚は有利な立場にあった。感覚についての説明は『霊魂論』にあり、アリストテレスは感覚対象（sensible）、感覚されるもの（senti）、感覚能力（sensitif）、感覚するもの（sentant）を区別している。確かに、私たちが見る色が感覚対象を規定し、見られた色が感覚されるものを規定する。もし主体の側に立つならば、感覚能力は器官（視覚）に相当し、感覚するものは見る主体に相当する。この対立は、可能態と現実態の対立の再現である。感覚されるものは、感覚対象がその可能態を表現しているところの現実態である。感覚能力と感覚するものとの関係も同じである。

最も重要なのは、われわれが感覚を持って主体と対象との境界にいるということである。しかしアリストテレスは、主体と対象は互いに補うものだと主張する。感覚は身体に触れている「それ自体」ではない。というのは、身体はそれが受け容れるものとかかわらなくてはならないからである。私が味の感覚（味覚）を検討すると、味のあるものにはつねに湿り気があることがわかる。しかし、感覚器官（舌）は、それ自体が湿っていたり乾いたりしていれば、何も感じないだろう。さらに感覚は、それを知らせるもののかたち（形相）しか留めない。同じように、環状のものは蠟《ろう》のなかにその痕跡しか残さず、環状のものを構成する質料は残さない。

感覚は共通感覚とイメージのなかに残存する。知的な霊魂は、感覚で捉えることのできるもののなかに隠されている、知性で捉えられるものを感覚的なもののなかで把握する。知性のみが認識できるものは、純粋な本質である。感覚にとっては非物質的ですでに超越的であるにもかかわらず、われわれは「イメージなしの思考」は存在しないと考えている。

アナクサゴラスは「ヒトが動物の中で最も賢いのは、手を持っているせいだ」というのである。しかし、「最も賢いから手を得たのだ」とする方が理に適っていると思う。なぜなら、手は道具であり、自然は思慮の深い人のように、物を配分するに当たっては、いつもそれを使いこなせる者にだけ与えるからである。現に、笛の吹ける人に笛を与える方が、笛を持っているだけの者に笛の吹き方を授けるよりましだからである。すなわち、前の場合は「笛吹き」という、より偉大で重要なものに「笛」という、より劣るものを与えるのであって、後の場合のように劣ったものにより貴重で偉大なものを与えるのではないからである。さて、実際その方がよいのだし、自然も可能な事柄の中から最良の事を為すものである以上、ヒトが最も賢いのは手のあるせいではなく、逆に、ヒトは動物の中で最も賢いが故に手を持っているのである。というのは、最も賢いものは多くの道具をうまく使いこなすはずであり、手はあたかも多くの道具の代わりになる道具のようなものであるから、一個の道具ではなく、多数の道具とみなされるべきものなのである。そこで、自然は最も多くの技術を獲得し得るものに最も多くのことに使える道具、すなわち手を与えたのである。

しかるに、「ヒトの体はあまり良く出来てはいない。否、およそ動物の中で最も出来の悪いものだ」という人々もいるが（彼らは「ヒトははだしで、はだかで、防禦用の武器もないではないか」というのである）、正しくない。なぜなら、他の動物はただ一つの保身法があるだけで、それを他のものと取り替えることもできず、したがって、眠るにも何をするにも、いつもいわばはき物をはいたままであり、身を被うよろいをぬぐこともなく、一度与えられた武器を取り替えることもできないのである。ところが、ヒトには種々の保身法があって、いつでも取り替えられるし、さらに、どんな武器でも、欲するものを欲する場所につけることができる。というのは、手は爪にも蹄にも角にもなるし、鋸や剣やその他のどんな武器にも、道具にもなるからである。手は何でも取ったり、持ったりできるから、何にでもなれるわけである。（『動物部分論』Ⅳ、一〇、六八六－六八七）〔『アリストテレス全集8』岩波書店、島崎三郎訳〕

アリストテレスの道徳論は、主として『ニコマコス倫理学』のなかで述べられている。その要点は以下の通りである。われわれはそこにプラトンの「善のイデア」に対する批判を期待するかもしれないが、その決定的な契機を見失ってはならない。「善のイデア」は、何人もの哲学者が（確かにプラトンもそのひとりである）哲学の基礎としたものである。このような超越的な理想にはかならず空虚がある。「〔すべての善いものに〕共通に述語される善、もしくは、すべての善いものから離れてそのもの自体として存する、或る善そのものが一なるものとして存在するとしても、そのようなものは、明らかに、人間の行為によって実現される善でも、人間の行為によって獲得される善でもないであろう。」（『ニコマコス倫理学』第一巻六章）アリストテレスは、善のイデアという抽象的な考え方を捨てて、彼の理解する意味での道徳をはっきりさせようとする。

大切なのは、道徳によって自分を完成すること、自分の存在の充実を確保すること、したがって幸福になることである。この点で、植物や動物のことではなく、理性的な人間の生活のことを考えなくてはならない。そうした行為の頂点にあるのが観想であり、それによって人間は神に似る。それによって人間は宇宙の秩序に参加する。しかし、富・健康・権威といった物質的な利点が求められる。真の善はそうしたものには依存しないが、それでも物質的な利点は必要である。それは超自然的なただひとつのものの重みや影響を制限するからである。

このような生き方の下に、実践的な生活がある。そこでは、行きすぎと不足という二つの極端なばあいの「まさに中間にあるもの」が美徳とされる。この中間のものは、平凡とか平均とは異なるものであり、途中にあるものではない。というのは、さまざまな状況と人間とを考慮しなければならないからである。目標とされるのはいつもバランスである。たとえば勇気は、向こう見ずと臆病のあいだにある。もっとも、勇気は臆病よりも向こう見ずに近いことも確かだ。

アリストテレスの道徳論は、彼の哲学の中心にあるものを確認させ、例証している。それはイデアと、イデアの具体化との結合であり、観念的なものと身体的なものとの両方を考慮に入れることとである。

アリストテレスが快楽について独創的な考え方を展開するのはこのためである。（スペウシッポスのような）快楽を非難する哲学者にとっては、ほかの哲学者たちが快楽と善とは同じだと言っても（賢者の喜びはその例だとされる）、快楽は道徳的な生活から排除される。しかしアリストテレスは、快楽を非難する者も、賛美する者も、ひとしく斥《しりぞ》ける。彼は快楽の定義を作り変え、快楽が実現されるばあいに、それを人間の活動を補うものだと考える。「若い盛りにある人にとっての美」として、快楽は人間の活動の実現に花を添える。

観想・間接性・幸福・快楽を中心とするアリストテレスの道徳論は、全体としては世界の秩序という考え方に向かう。そのような秩序を上位にある領域で実現するにせよ、行きすぎを避けながら下位の領域で尊重するにせよ、活動に伴う快楽を禁じることがあってはならない。

たとえば、十は多く、二は少ないなら、ひとは六を事物における中間のものとして得る。なぜなら、それは等しい数だけ〔一方を〕凌駕し、〔他方に〕凌駕されるからである。それは算術比例における中間のものである。だが、われわれに対する中間のものはこのような仕方では得ることができない。というのは、或るひとにとって十ムナの食事では多く、二ムナの食事では少ないという時、調練師が六ムナの食事を命ずるということはないだろうからである。これも、おそらく、摂るひとにとっては多かったり、少なかったりすることがあろう。すなわち、ミロンにとっては少ないが、体操を始めたばかりのひとにとっては多いであろう。競争競技についても格闘競技についてもこれは同じである。このようにして、すべて専門知識を持っているひとは過剰と不足を避け、中間のものを求め、これを選ぶが、ここで、中間のものとは事物における中間のものではなく、われわれに対する中間のもののことなのである。

このようにして、すべての専門知識は中間のものに目を向け、成し遂げるべき仕事を中間のものへと導くことによって、これをうまく仕上げるものであるとすれば（良く出来上っている仕事に対して、「取り去ることも加えることもできない」という言葉をひとがよく口にするのはここからくるのであり、それは過剰と不足がそのものの良さを損い、中間がこれを保つということを言っているのである。善い職人は、いま言ったとおり、中間のものに目を向けて仕事をする）、また、自然がそうであるように、器量はすべての術にまさる精確なものをもち、術よりも優れたものであるとするならば、器量は中間のものを目標として狙いさだめるものであろう。（『ニコマコス倫理学』Ⅱ－六）〔『アリストテレス全集13』岩波書店、加藤信朗訳〕

アリストテレスは政治の問題、つまりポリスの組織の問題も無視しなかった。彼はキニュコス学派にもソフィストにも対立した。ソフィストにとって、国家は約束事から成り立つものであり、それは国家を相対化する考え方である。また自らを世界市民だと主張するキニュコス学派は、地方と国家全体の制度を拒否していたのである。

アリストテレスにとって、ポリスはひとつの目的を追求するものである。その目的とは、全体の幸福、安全、正義の支配である。『ニコマコス倫理学』では、道徳は日常の生活の下にある。「情念のままに生きているひとは、行ないを改めさせようとする議論に耳をかさないであろうし、また、かりに、耳をかしたとしても、理解しないだろうからである。……これらの点についても、したがってまた生活全般にわたっても、われわれは法律を必要とするだろう。……法律は一種の賢慮、ないし、理性から生れる戒めとして強制力を持つ。」（『ニコマコス倫理学』第十巻九章）家族から成る都市が存続してその役割を果たせるように、アリストテレスは、都市の面積と人口についても「まさに中間」のものがいいとする。人口が多くなりすぎると、そのポリスは統治できない。都市が分散しても同じである。都市は適度の人口を保たなくてはならない。

都市国家では経済が重要だが、アリストテレスは経済活動に制限を設ける。それほどにアリストテレスは富裕と財の独占を警戒する。それらは蓄財（富の獲得と増殖の方法）、節約、そして特に非難される利息付きの貸付けをもたらすからである。おかねがおかねを生むというやり方は認められない。また、利潤の追求は、生産と社会全体とを腐敗させる。

このような都市国家をどのように管理するのか。アリストテレスは、三つの可能性を予測し、検討する。君主制（一人の支配者）、貴族制（数人の支配者）、民主制（全員が参加）である。しかしそのいずれも容易に崩壊するおそれがある。君主制は暴政に、貴族制は寡頭政治（金持ちの専制政治）に、民主制は衆愚政治になる。アリストテレスが王制に不安を抱くのは、一人の王がその権力を濫用するおそれがあるからである。

アリストテレスは意外ではないもの、「ちょうど中間のもの」に頼る。この「ちょうど中間のもの」は、金持ちと貧しいひとのあいだにある最大多数である、公共の利益に結びついた中流階級のおかげで、混成した組織を確実なものにする。つまり、民主制と貴族制の混合体が求められる。そしてここでもアリストテレスの立場はプラトンの反対である。

しかしまた自然には〔本性上は〕、国は家やわれわれ個々人より先にある、何故なら全体は部分より先にあるのが必然だからである。例えば全体としての身体が壊されると、人が石の手を手と言う場合のように、同名異義的にいうのならともかくも、そうでなければ、手も足もないであろう。何故なら手は効かなくされれば、石の手のようなものであるが、しかし凡てのものはその働きとその能力によって定義されているものであるから、従ってもはや定義されたようなものでない時には、同じものであるとではなくて、むしろ同名異義的のものであると言わねばならないからである。だから国が自然にあるということも、また〔自然には〕各個人より先にあるということも明らかである。何故なら各個人はもしそれが孤立させられた時に自足的でないとすれば、国に対して、ちょうど部分が全体に対するような関係においてあるであろうからである。そして共同することのできない者か、あるいは自足しているので共同することを少しも必要としない者は決して国の部分ではない、従って野獣であるか、さもなければ神である。

ところでかような共同体へ向かう衝動は自然に凡ての人のうちに備わってはいるものの、しかし、国を組織した最初の人はやはり最大の善事の原因者である。（『政治学』一―二・一二五三a）〔『アリストテレス全集15』岩波書店、山本光雄訳〕

## ストア学派――自分から自分を解放すること

いまから説明する哲学者たちはストア学派と呼ばれてきた。この学派の創設者であるキュプロスのゼノンが、一本の柱（ギリシア語でストアという）の下で教えていたからである。

最初に述べたいのは、ストア学派はアリストテレス哲学の思想運動を延長し、拡大しているということである。その運動とはプラトンの批判である。すでにアリストテレスは、知性で捉えられるイデアが感覚的なものへと下降することについて、質料形相論として考察したのであるが、もっと徹底的なストア学派は、概念的なものを捨てる。

彼らが現実世界のなかで認める存在は、ただひとつの世界とそこから派生する個物だけである。そして、アリストテレス学派の哲学者たちが、事物を階層化しようとしたのに対して、ストア学派はすでに存在するものとあとから来るものとの単純な関係を考えるだけで満足した。

ストア学派が価値を認めたのは、論理学・自然学・社会道徳学である。最初にストア学派の論理学について簡単に述べておく。ストア学派は理論の序列について正当化し、説明するために比喩を使っていた。つまり、哲学は畑で、論理学は畑の境界（柵・垣根）を決める。自然学は樹木で、世界道徳が果実である。さらに、哲学は卵にたとえることができ、論理学は卵の殻を、自然学は白身を、社会道徳は黄身を表わす。論理学が自然学を、自然学が社会道徳をもたらすという構造になっているのは明らかである。

論理学については手短かに語らなくてはならないが、このようなつながりを認めておこう。弁証法の最初の手続きは、単純な判断にかかわる。プラトンとアリストテレスは、包摂《ほうせつ》と排他の関係、分有の関係を論じていたが、ストア学派では考慮されない。ストア学派で私たちが認めるのは「表現できるもの」、対象の何らかの側面を説明する言表（「ソクラテスは語る」といった）だけである。動詞だけができごとを説明するが、行為が生じる理由を明確に示す主語が動詞の前に来る。「樹木が青く茂る」の方が「樹木が緑である」よりもいいのだと考えられている。判断は、作用を歪曲する繫辞なしでなされる（実体が連続する！）。

複雑な判断は、二つの単純な判断のあいだをつなぐ。仮定節（もし昼であれば光がある）、原因節（昼であるがゆえに光がある）、接続詞節（昼であり、光がある）、比較級（夜であるよりはむしろ昼である）が区別される。そこでストア学派は、同一性に近いものを表わす言表を最優先させる。そして、最も重要なのは、「もし昼であるならば、昼である」であろう。同じ見方で、ストア学派は推論のさまざまなタイプを考察する。「昼であるか、夜であるか」は、昼であり、したがって夜ではない（ここでは非同一性の原理が働いている。つまり、言表のひとつが真であれば、もうひとつの言表は偽である）。

ここにストア学派とそれに先行するアリストテレス哲学との断絶がある。ストア学派は言表相互のつながりにだけ関心を抱いた。論理学はその存在論的な背景を失ったのである。

ところで、ストア派の人たちによれば、真なることからは真なることが帰結する。「昼である」ということからは、「光がある」ということが帰結するように。また、偽なることからは偽なることが帰結する。「夜である」ということが偽であるなら、そのことからは「闇がある」という（偽なる）ことが帰結するように。また、偽なることから真なることが帰結することもある。「大地が飛んでいる」という（偽なる）ことから、「大地は存在している」という（真なる）ことが帰結するように。しかしながら、真なることから偽なることが帰結することはない。なぜなら、「大地は存在している」という（真なる）ことから、「大地は飛んでいる」という（偽なる）ことは帰結しないからである。（『ギリシア哲学者列伝・中』岩波文庫、ディオゲネス・ラエルティオス、加来彰俊訳）

ディオゲネス・ラエルティオスの『ギリシア哲学者列伝』第七巻は、ストア学派を扱っている。

ストア学派の自然学、自然についての研究は、この学問を革新するものであった。ストア学派の自然学はこの学問体系を一歩進めるものであり、彼らの哲学の火であるその中心に近付くことになる。

ストア学派によると、存在するのは物体だけである。しかしそれはいわゆる唯物論を弁護するものではない。というのは彼らのいう物質にはひとつの能動的な原理が宿り、それによって生気を与えられているからである。それは芸術的な火、プネウマ（気息）である。

ストア学派は、時間・空虚・場所そのものといった《非物体》を認めはしたが、われわれの表象作用に何も付け加えず、いかなる効果も生まなかった。外科医が患者の身体を開いても、この切開は彼が使うメスにも、切開した身体にも変化を与えはしない。私の器具であるメスにも私の患者にも、いかなる変化も認められない。メスは切るものであり、切るというメスの属性は、ひとつの言表の可能性を生じさせるだけである。要するに、このような非物体は、存在を求めることができない。私たちは非物体のなかに非存在の存在を認める。

ストア学派の立場は、プラトンの哲学、アリストテレスの哲学とは反対である。プラトン、アリストテレスは、感覚で捉えられるものよりももっと実在的な「知性で認識できるもの」を識別し、別に扱った。これに対してストア学派は、物質的な実在を本質にまで高めた。物質的な実在だけが重要であり、非物質的なものは価値がない。

物体は混合（相互浸透）が可能である。空気中の乳香、水中のブドウ酒（一滴のブドウ酒が大海全体に拡がる)、大気中の光、そして特に、生命体全部に完全に浸かっている魂。このような仕方で、ストア学派は分有の問題を解決する。分有の問題は、ストア学派にとっては、最後には相互浸透になる。このような状況のなかで、一元論が二元論のあとを継ぐ。その一元論は物活論《ぶつかつ》といわれるものである。というのは、基体はそれを有機化するものと不可分だからである(生きた緊張の原理)。

球形である世界は、全体が神的な火から生まれる。その火は、凝縮して私たちに大地を与え、希薄になることによって、空気とエーテルを生み出す。要するに、もろもろの要素の変換(線形の変換であるが)である。しかしこの世界は、生まれたものであるから、いつかは滅びるであろう(爆発)。私たちはこの世界の老化にすでに気付いている。すなわち、山が平らになり、浸食され、海が後退するなどの現象がある。しかし、宇宙の不滅を説いたプラトンの思想とは反対に、世界はつねに甦り、くり返すであろう。ストア学派は永遠回帰というテーゼを支持した。

結局、われわれが考察してきたのは、物質的なものと生命活力とを、世界自然学のなかで結び付けることができた哲学である。両者をつなぐのは火である。火は、最も透過性があり、最も浸透しやすい要素ではないだろうか。それによって火は、一体化と有機体化を確実にするのではないだろうか。

造物神の大御業《おおみわざ》の驚嘆すべき理由は他にも多くありますが、このことも、すなわち、かくも沢山の創造物の中に同じものは一つもないということも、その一つであると僕は信じます。同じもののように見えるものでも、比較してみれば違います。神は、あのように沢山の種類の葉を作りました。しかし、どれ一つとして自らの独自性を印し付けられないものはありません。あのように沢山の生きものも作りました。しかし、どの生きものの大きさも、他の生きものと一致しません。常に幾ばくかの違いがあります。神は、それぞれ別々のものが似てもいず等しくもないように、ご自身を創造に動かしました。(『書簡』一一三)〔『道徳書簡集――倫理の手紙集』東海大学出版会、セネカ、茂手木元蔵訳〕

生命のある存在のなかで、人間は特別の位置にある。それほど人間の身体は比類のない混合、相互浸透に由来している。

この点については、組合わせをいくつかのタイプに分けるのがいいだろう。(a)まず、最低の段階で、単なる並置が観察される。その並置は小麦を寄せ集めて、山積みになったようなものである。(b)次に混成がある。そのそれぞれの構成要素はもとの性質を維持している。混成してはいるが、分離してそれぞれがもとの状態に戻る。(c)二つの物体は、水に注がれたぶどう酒のように、同じ液体であるという性質によって融合する。(d)最後に、結合した二つの物質は、もとの物質としては消滅する。われわれは統合の頂点に到達する。

われわれの身体は、この最後の状況にある。魂はもはや非物質的ではなく、身体的な生きた力である。魂がその繊細さというまさにその理由で、器官の領域の境界まで拡がることができるのをわれわれは理解する。魂は心臓に宿り、そこからもろもろの管や神経がのびる。したがって魂は身体の構造全体に充ちている。活力をもたらす統一性の要因であるこの魂は、ほかの通路も通る。ストア学派の哲学者たちは、そうした通路が七つあるとした。六番目の通路は生殖の動因に関係し、七番目の通路は、中心と発声器官を結合する声に役立つ。実をいうと、集中と局在については、学派によって意見が異なり、心臓だというひともいるし、頭部だというひともいる。

この物質的な魂には停止がある。すでに老化は魂を衰えさせ、睡眠は少なくとも部分的に魂の働きを中断する。魂は発散よりも高度な一種の気化で終る。「息を引き取る」というような表現がそれを表わしている。

しかし、少なくともクリュシッポスに従うならば、この生命的な気息は存続している。それは、地球から流出するものを養分としながら、下位の星として、地球のまわりをさまよっている。そしてこの気息は、すでに述べた宇宙の最後の大燃焼まで存続する。

ここで特に二つのテーマを考えよう。ひとつは、宇宙とわれわれの強力な類似である。芸術的な火は、世界全体の凝集に専念するが、世界は生まれたものであるから、(永遠回帰の説によれば、回帰する前に)やがて死滅する。それは人間についても同じである。人間もまた、統一する原理（プネウマ＝気息）で構成されているからである。

二番目のテーマは、物質的な魂は物体のさまざまな運動を支配できるのであるから、その代わりとして、この物体は自らを制御する魂を動かすことができるはずだ、というものである。この二つの現実化、この二重の相互作用を実行するためには、魂（火、もしくはプネウマ＝気息）が気化しやすい実体と同一視されるにもかかわらず、魂と物体は同じ性質のものでなければならない。

「魂はわれわれに生まれつきそなわっている気息で、生命の息吹が身体のうちにあるかぎり、連続的なものとして身体全体に行きわたっている。ところで、魂の諸部分は〔身体の〕各部分に割り当てられていて、そのうち気管にまで伸びているものは音声であり、眼まで伸びているのは視覚、耳まで伸びているのは聴覚、鼻へ伸びているのは嗅覚、舌へ伸びているのは味覚、肉の全体に伸びているのは触覚、そして睾丸へ伸びている、また別の同様のロゴスを持った気息は種子的部分であって、これらすべてが一緒になる部分は心臓の中にあり、これは魂の主導的部分である。そのような事情であるので、ほかの諸部分については意見が一致していても、魂の主導的部分については、人によってそれを別々の場所にあると主張して意見が別れる。すなわち、ある人々はそれが胸のあたりにあると言うが、ある人々は頭のところにあると言うのである。またそれらの同じ立場においても頭や

胸のどこにあるかで対立があって、お互いに意見が一致しない。(『初期ストア派断片集3』京都大学学術出版会、山口義久訳)

ストア学派の倫理学は、彼らの哲学の中核である。彼らの考えでは、自然の傾向に従うことが重要とされる。というのは、自然の傾向を通して、われわれは宇宙の法則と一体になるからである。さらにわれわれは、神の力に沿って生きている。事物の秩序を変えないようにしよう。しかしそれはあきらめという行為ではなく、ひとつの全体に喜んで参加しようとする行為である。

ある態度がそのあとに続く。矢を射る者は、訓練の成功を確実にするあらゆること(その射手の責任である)をしなければならない。結果は、その射手の自由にはならない、外部の状況で違ってくるが、しかし彼はそのような状況を気にしないように心がける(外側のことに対する無関心)。アリストテレスにとって、幸福はほぼ必要とされたものの充足次第であったが、ストア学派における幸福は、自分から自分を解放することであった。

その結果として、次のようになる。つまり、私がいつの日にか財産も健康もなくしてしまっても、私は不平を言えないであろう。なぜなら、そうした苦境は自分のせいではないからである。そして、もしもわれわれがそのような精神の境地に到達しないとすれば、それはわれわれが自己疎外の状態にとどまっているからである。ストア学派の哲学者たちは、そこに知恵の本質を認めた。道徳的な価値は、このような自己からの解放と、黙考と内的な回心に都合のよい隠れた生活のなかにある。さまざまな徳は、ただひとつの徳、自己からのこの解放に還元される。同様に、水中に半ばつかっている動物は、水面の近くにいても、水底に住む動物よりも呼吸が下手である。さまざまな程度を、こちらよりあちらだなどと区別しないようにしよう。

このような道徳論は、「いわゆる怠惰の議論」に有利に作用しはしないか。それは、われわれの運命、われわれに生ずることが実際に確定してしまったとき、われわれにはそれを妨げることはできず、妥協せざるをえないという意味においてである。しかし、ストア学派の哲学において、われわれの運命について書かれたものは、孤立した文章のかたちにはなっていない。そこには、「医者に診てもらえば治るだろう」というようなことばが見つかるかもしれない。そのばあい、われわれの意志は、生活というテクストのなかに書き込まれるだろう。

しかしストア学派は、その展開の途中で、エピクテートス、セネカ、マルクス・アウレリウスによって方向が変わってくる。それらの哲学者においては、たとえば好ましいものについての理論は、健康は病気に優先するという立場を望むであろう。私たちは健康をひとつの財産とは考えないが、健康はわれわれの身体の性質や状態そのものと一致するという点で重要なのである。同じように、適切なもの、好ましい行動についての理論は、（それでもなお）健康に留意するようわれわれに勧告する。あるいはまた、われわれが不幸なひとたちに施しをしようと望むのなら、多少の財産を持つべきだということがどうして認められないのか。時代がたつにつれて緩和されたこのような道徳論は、ストア学派の理論を変えるものではなく、主として純粋な思考から実践的生活へという彼らの考え方の移行を助けるものであった。

ゼノンは……幸福な生活にかかわるものすべてをただひとつの徳として位置付け、もろもろの善のなかで幸福な生活以外のものは認めず、単純で、ひとつで、最高善であるものを美と呼んだ。他のすべては善でも悪でもないが、しかしゼノンが語ったところでは、自然にかなった事物もあり、そうでない事物もある。彼はまたこの両者の中間に位置するものも重視した。自然にかなっている事物は捉えるべきであり、尊重に値するものだと教えた。つまり、自然にかなっているものは、そうでないものの反対である。中立的な事物について、ゼノンはまったく配慮しなかった。捉える価値のある事物には、高く評価すべきものと、そうでないものがあった。ゼノンは、高く評価すべきものを好ましいものと呼び、低く評価すべきものを「排除すべきもの」と呼んだ。……ゼノン以前の哲学者たちは、徳のすべてが理性のなかにあるとは言わず、徳のなかのあるものは自然もしくは風習に由来することがありうると言っていた。これに対してゼノンは、あらゆる徳は理性のなかにあるとした。ゼノン以前の哲学者は、私がさきに述べたさまざまな種類の徳が互いに区別

されうると考えていたのに対して、ゼノンはそうした区別ができないことを明らかにした。（『アカデミカ後書』キケロ）

　ここで、ストア学派の哲学のひとつの局面を明らかにしておきたい。その局面は、その後の哲学にも、そして現代にまでも大きな影響を与えているからである。プラトンとアリストテレスは都市国家を築くために力を尽したが、彼らに異議を唱えるストア学派の哲学者たちにとっては、さまざまな利害関係、争い、個々の取り決めを超えた世界そのものが彼らの祖国である。人間はすべて兄弟であり、世界市民である。私・他者・自然、そして神さえも、それらのあいだの断絶は終り、そのすべてにおいてわれわれは共通する生殖の原理、すでに世界を彫り上げた神の火を発見する。

　このような見方によれば、共同体を破壊したり、世界市民主義を妨げるような敵や異邦人のことを気にすることはできない。確かにわれわれは彼らと関係がある。彼らはわれわれと同じ祖先を持っている。彼らが悪に屈するのは間違いを犯すときだけである。彼らは自然の秩序に反する情念にあざむかれ、支配されている。犯罪者自身さえ、病人に似ているだけなのだから、死刑に処してはならない。

　すでに動物たちが本当の利他主義をわれわれに教えている。動物は自分の子を心配する。したがって、自然は似た者が互いに接近することを望んでいる。賢者が家族を築くのにためらわないのはそのためである。賢者は社会生活に参加し、自分の職務を果たすだろう。彼は世界という舞台で自分の役割を演じるであろう。しかしストア学派の哲学者は、先人たち（プラトン、アリストテレス）とは異なり、都市国家の改革や、ある種の憲法の制定を望んだりはしないだろう。プラトン、アリストテレスは、政府の形態として王制や貴族政治がいいと考えることができた。しかしそういう問題はストア学派の賢者には関係がなかった。その代わり、彼は友情、愛そのものを大切にする。しかしそのような動きは、感情的なものではなく、意志に依拠している。マルクス・アウレリウスは、その生活に寛容の実践という要素を付け加えたが、それはそれまで強く勧められていた厳しい生活とは離れるものである。彼は沈思黙考に好都合な「自省」を称賛する。そして、もしも賢者が亡命しなくてはならないとしても、それは彼に影響を与えないだろう。なぜなら、そのばあいに生ずるのは場所の変化だけであり、またその賢者の祖国は世界そのものだからである。

私はこの哲学について、それが万人に共通な法を認めるようにした点に特に注目しておきたい。それは、それ自体が普遍的で譲ることのできない、いわゆる自然法と同じものと見ることができる法である。逆に、都市国家に固有な実定法《じっていほう》は慣習的なものに依存していて、時には偶然に依存する。しかし実定法はしばしば自然法との取り決めに基礎を置き、最後には合理的なものが優位になる。

要するに、プラトンの考えた都市国家は分割に基づくが、ストア学派の目標は平等のみである。道徳についての考察が、厳密で政治的な考察や規定よりもはるかに重視される。

神と人々との親類関係について、哲学者からいわれていることがもし本当であるとすれば、人間にとっては、ソークラテースのいったこと以外のどんなことが残されているだろうか。彼は、どこの人かと訊ねた人に対して、アテーナイ人であるとか、コリントス人であるとかは決していわないで、世界市民であると答えた。一体なぜ君は君自身をアテーナイ人であるといって、生れた時君の小さい肉体が投げ出されたあの隅っこの者に過ぎないといわないのか。それともそれは、明らかに、その方が一層重みがあるし、またちょうどその隅っこだけでなく、君の家全体、つまり君に至るまで君の祖先の一族が出た場所を包括していることからして、そこから君自身をアテーナイ人であるとか、コリント人であるとかいうのか。ところで宇宙の支配を理解し、そして一切の中で最も大きく最も権威のある、最も包括的なものは、人々と神とからなる結合体であって、そしてその神々からして種子が私の父や祖父へ降りて来たばかりでなく、地上に産み出されて成長するすべてのものへ降りて来たので、特に理性的なもの——というのはそれらは理性によって神と結んでいるのであるから、本性上それらだけが神と交際するようにできているのだから——へ降りて来たということを学んだ者は、なぜ自分を世界市民といわないのだろうか。なぜ神の息子といわないのだろうか。〔『人生談義・上』岩波文庫、エピクテートス、鹿野治助訳〕

## エピクロス学派——感覚がすべて

エピクロス学派は庭園の哲学者と呼ばれている。大きな公園の木陰に集まっていたからである。彼らはそれ以前の哲学者と同じように、論理学から始めて、自然学・道徳論へと進んだ。

彼らの哲学の歩みの最初にある論理学は、規範学（カノニック）と呼ばれた。それは、『カノン』という書物のなかで述べられていたからである。カノンとは、建築をしっかり建てるための定規のことである。したがってこの理論は、体系と弁証法を有害なものとして排除しようとした。それは、真理の基準を教える方法論を作ろうとした。エピクロスは、表象・期待・感情（快楽と苦痛）を重視したが、そのいずれも感覚を絶対視するものである。

1．確かにわれわれは理性の働きをある程度は認めることができるが、それは観察が示すものを説明したり拡大したりするばあいに限って有効である。

2．丸い塔を遠くから見ると四角に見えることがある。決定的なことだが、エピクロスはこのような感覚の誤りを否定する。この塔のイメージ（つまり、この塔から発信されてわれわれの内部に入り込んだ模像）は、空気中を分子が通過したときに端の部分が削られたにすぎない。それは感覚の誤りではなく、遠い距離のために生じた結果にすぎない。もうひとつの例を挙げよう。われわれが甘いと思う蜜も、病人である別のひとにとっては、からいことがある。それは感覚が病んでいるためであろうか。しかし、エピクロスにとっては、感覚を受け取る病人の器官が変化しているのである。原子はその病人の内部には浸透できるが、健康なひとには入っていかない。そう考えればこの例も理解できる。

3．期待もしくは予見も、認められ称賛される価値がある。それはわれわれに与えられ、利用できる記憶内容が論点である。たとえば私が遠くから見た動物が馬だというとき、かつて馬を見たことがなければそうはいえない。過去がわれわれに教えてくれるのである。

4．感覚はわれわれのまわりにあるものについて教えるだけではなく、われわれに影響する事物の性質そのものについても教える感覚をその情報に追加する。快楽と苦痛はそのことをわれわれに証明している。苦痛は、突き出たもの、凸凹しているもの、とがったものとの接触を意味する。要するに感覚は、存在があること、あるいはむしろ、この存在とその外見との明白な一致を告げるものである。

5．エピクロス学派の哲学者たちは、死者の亡霊のような「霊」の存在を認める。模像（イメージ）は感覚の回路を通らないでわれわれの身体に浸透し、身体的なものである魂に到達する。
基本的なことだけを記しておきたい。エピクロス学派では、感覚がすべてであり、彼らはそれ以外のものを知らない。

そして、さまざまな感覚は相互にいかなる差異もなく、すべての感覚が同じ資格で真理の基準であることを知らなくてはならない。実際、そう考えないと、ひとつの感覚がもっと真理に近い別の感覚によって反駁されることになるだろう。また、確かなことだが、いかなる感覚も理性によって反駁されることはない。理性はすべて感覚に依存しているからである。またいかなる感覚も別の感覚によって反駁されることはない。どの感覚も、ほかの感覚より権威があるということがないからである。

なぜなら、同種の感覚が（他の）同種の感覚を反駁することは、それらは同等の（真理認識の）力をもつものであるがゆえに、不可能であるし、また異種の感覚が（他の）異種の感覚を反駁することも、それらは同じ対象を識別するものではないがゆえに、不可能だからである。

しかしまた、理性（推論、ロゴス）も感覚を反駁することはできない。なぜなら、理性はすべて感覚に依存しているからである。かといって、一つの感覚が他の感覚を反駁することも不可能である。われわれはどの感覚に対しても（等しく）心を向けるのだから。（『ギリ

シア哲学者列伝・下』岩波文庫、ディオゲネス・ラエルティオス、加来彰俊訳)

エピクロス学派の自然学は、二つの不安をはっきりと示している。神々に対する不安、死の不安である。つまり、われわれは最初に、世界の進行に対する神々の影響力を認めるのだが、しかし自然学は神々の助けを借りずにさまざまな現象の全体を説明する。プラトンが『ティマイオス』のなかで述べた、デミウルゴスに頼る神学のような、不可解な目的を持った神学は捨てるべきである。エピクロスにとっては、動力因だけが重要であった。また、同じ理由からだが、死の不安も捨てるべきである(地獄とそこでの処罰を恐れるひとさえいる)。われわれの物質的な魂は抵抗せず、消滅するからである。

すべては、重力に従う原子と不可分の粒子とによって説明できる。それらの分子が上から下へと、また落下に好都合な真空からも移動できるのはこのためである。しかしエピクロスはデモクリトスのいう渦巻理論を否定する。そしてそれらの渦巻がコースから外れて別の渦巻とぶつかり、方向を変える。これが有名なクリナメンである。

さまざまなかたちで、破壊されず、したがって永久に存在するこうした原子によって、物質のすべて、その多様な性質を説明することができる。それらの原子の数が無限であるとしても、そのかたちは無限に変化するものではない。それらの原子に第二性質(たとえば色のような)があると考えてはならず、それらの原子の構成には、固さ・密度・大きさといった第一性質だけを与えるべきである。

エピクロス学派の基礎は感覚である。われわれは感覚に頼ることによって、類推で考え、目に見えないものを理解し、それを限定することができる。それによってわれわれは魂を考えることができる。その魂とは、きわめて細かく鋭敏で、身体全部に行き渡っている分子から成る、感覚を受容する魂である。そしてこの魂（アニマ）は気息に似たものであって、そのなかに多少の熱を含んでいる。そこには空気から取り入れたものも付け加えられる。この魂のなかのひとつの部分で、もっと微妙なもの（アニムス）を見分けることができるが、それは胸部（心臓）に位置している。

ひとが死んでも、身体はその重さを変えることなく維持している。それによってわれわれは魂がきわめて軽いものであり、極度に小さい、微小な原子から成るものだと考える。われわれは思考もしくは決意の速いことを知っているが、それは丸くて柔らかい原子が、急速に、また動いて想像するものであることを推測させる。

クリナメンは、決定論の重み、純粋な必然性の重要性に限界があることを示す考えである（クリナメンによって、方向が変わるからである）。クリナメンによって人間は、一方向に囚われている状態から離脱できる。

原子は、たえず永遠に運動する。或るものは垂直に落下し、或るものは方向が偏《かたよ》り、或るものは衝突して跳ね返る。衝突して跳ね返るもののうち、（a）或るものは遠くへ運動して相互にへだたり、（b）或るものはさらにそのまま跳ね返りの状態を保ちつづける。この後の場合は、（α）跳ね返り合う原子どもが絡み合っているために、原子が、跳ね返ったのちただちに、その運動を曲げられるとき、あるいは、（β）跳ね返り合う原子どもが、そのまわりを、絡み合っているほかの原子どもによって囲まれているときに、起るのである。そこで、（a）まず、跳ね返った原子が相互にへだたるのはなぜかというと、空虚はそもそもおのおのの原子を分けへだてることを本性とするものであって、原子の運動にたいしては抵抗することができず、ためにこうした結果をひき起すのである。また、（b）跳ね返った原子が跳ね返りの状態を保ちつづけるのはなぜかというと、原子の絡み合っている状態が衝突による原子の相互分離を許すだけ、それだけ、原子のもつ堅さが、衝突のために原子を跳ね返らせるからである。そして、これらの運動には、始まりというものがない。なぜなら、原子と空虚とがその原因だからである。

この程度の短い言葉でも、以上の諸点をすべて記憶しておけば、事物の本性を洞察するための十分の輪郭を与える。（『エピクロス』岩波文庫、出隆・岩崎允胤訳）

エピクロスの道徳論は今日でも知られているが、しかし歪曲されてもいる。それは先行する哲学の道徳論とは徹底的に対立している。たとえばプラトンは肉体にかかわるものも快楽も排除したが、エピクロスはそれらだけを称賛する。水を飲むといった自然で必然的な快楽も目立たせなくてはならない。水を飲まなければ、われわれの身体は実質を失ってしまうからであり、身体はいつも再生されなければならないからである。

凝っていて豪華な料理のような、自然ではあるが必然的ではない快楽についていうならば、そういう料理を食べようとしない賢者にとってその快楽は関係がない。エピクロスは、富や名誉といった、自然でもなく必然的でもない快楽をさらに遠ざける。特別扱いをされていた感覚と不可分の快楽は、われわれの身体のなかに深く根付き、そこで実在的な善になる。

人工的な(有機体的でない)快楽の価値が否定されるのは、それに限度がないからである。エピクロスは静止している快楽を評価し、動きのある快楽を否定する。さらに、自然でもなく必然的でもないこうした快楽は、そこに含まれている死の不安の結果である。実際、ひとは権力や名誉を求めるが、それはそのひとがそれによって重要な人物になり、その名を後世に残したいからである。しかし、賢者はこのような有害な錯覚を避け、効果のある幸福を求めて努力する。アタラクシア、つまり心の動揺や不安のないことが、幸福のしるしである。

そこに野生的な生活の称賛があるとは考えない方がいい。エピクロスの道徳論は、われわれを文明の生活へと向かわせるからである。文明の生活は、服を着たり、屋根や壁があったり、暖房があったりするので、われわれを寒さから守ってくれる。この三つは身体の安楽に有効であり、それによってそれらを使うことが正当化される。

この道徳論は、その前に考えられた論理学の分析と自然学の分析をも強固にする。したがって、感覚と結び付けられた快楽は、エピクロスの道徳論の中心にある。また子どもはこの快楽に従って行動するのであり、それは快楽が自然なものであることを証明している。このことは考えるまでもなく納得できる。しかしわれわれを原始的な生活から遠ざけようとする理由は、賢者は親しい友人たちにいつも囲まれて生活しているということである。

逆に、われわれは苦痛から顔をそむけるが、苦痛は弱ければ長引き、激しければ長くは続かないので、いずれにしても苦痛に価値はない。苦痛はなぜ不安定なのか。それは苦痛となって現われる原子が、苦痛を維持するのに十分な速さでは再生されないからである。かつての快楽を思い出して苦痛を和らげることはまだ可能である。つまり、エピクロスの哲学は、繊細で規則的な原子に対応する魂の快楽の存在を認めたのである。そして、それらの原子のおかげで、われわれは快適なことを想起し、その記憶を保ち続ける。

徳はすべて快楽を強めるのに役立つ。たとえば、慎重さはこれから与えられるはずの快楽に苦痛が役立つならば、その苦痛を受け入れるのに効果があるし、快楽があとで苦痛をもたらすばあいには、われわれは快楽を避けるだろう。賢者はコップ一杯の水と何箇かのイチジクといった貧しい食べ物でも、神々と競うことができる。実際、賢者は平静で安定した幸福を知っている。

死はわれわれにとって何ものでもない、と考えることに慣れるべきである。というのは、善いものと悪いものはすべて感覚に属するが、死は感覚の欠如だからである。それゆえ、死がわれわれにとって何ものでもないことを正しく認識すれば、その認識はこの可死的な生を、かえって楽しいものとしてくれるのである。というのは、その認識は、この生にたいし限りない時間を付け加えるのではなく、不死へのむなしい願いを取り除いてくれるからである。なぜなら、生のないところには何ら恐ろしいものがないことをほんとうに理解した人にとっては、生きることにも何ら恐ろしいものがないからである。それゆえに、死は恐ろしいと言い、死は、それが現に存するときわれわれを悩ますであろうからではなく、むしろ、やがて来るものとして今われわれを悩ましているがゆえに、恐ろしいのである、と言う人は、愚かである。なぜなら、現に存するとき煩わすことのないものは、予期されることによってわれわれを悩ますとしても、何の根拠もなしに悩ましているにすぎないからである。(『エピクロス』岩波文庫、出隆・岩崎允胤訳)

古代の哲学について急いで検討してきたのだが、それを終らせる前に、次のような事実を強調しておかなくてはならない。つまり、古代哲学の主な体系は、単に時代順につながっているのではなく、それぞれの体系が先行する体系を否定しようとしてきたということである。それぞれの体系は先行する体系を作り直そうとしたのであり、時には、最良の仮説としては、それを延長しようとしたのである。

哲学に、分離したり孤立しているものはない。たとえばプラトンは、評価されない感覚的なもの（首尾一貫せず、ひとを欺くもの）と、神聖視された、知性によってのみ理解できるもの（イデア）との区別から出発した。アリストテレスは、不当にも分離されていたものを何とか調和させようとする。

すなわち、アリストテレスの質料形相論は、魂もしくはイデアが、質料的な基体のなかで、あるいは質料的な具体を使って表現されることを望む。アポリアの源泉である二元論を終らせなくてはならない。ストア学派の哲学者たちは、この二元論否定の運動を延長し、強化する。というのは、あらゆる分裂の可能性が拒否されるからである。彼らは、単なる容器としての感覚的なもの（その役割は否定的であり、少なくとも制限されている）の代わりに、緊張している身体性を重視する。いまや物質的になった魂が、基体に生気とエネルギーを与える。

エピクロス学派はこの運動をあまりにも追求したので、かえって反対意見に与《くみ》することになる。つまり、知性だけが認識できるものを重視せず、感覚だけが哲学の世界で存在する。快楽の理論家たちとともに、われわれは境界を超えた。これは最初のプラトン哲学の反対側である。ここまで、プラトン哲学は批判され、揺さぶられ、修正されてきた。いまやプラトンの哲学の方向転換がなされなくてはならない。

したがって、このような状況のなかでは、ひとつの哲学がそこに入っている全体の外側でその哲学を検討し理解するのはむずかしい。それは私が本書の冒頭で述べた通りである。

それらの哲学は、方法論に違いがあり、きわめてきびしい対立関係にあるが、しかし比較して検討する価値がある。というのは、方法は異なっていても、自然の重視という共通のテーマでつながっているからである。誰もがそのテーマを、アリストテレスやストア学派やエピクロス学派に味方して理解するからである。

なぜなら、知性だけが認識できるものは重要ではなくなり、物質がしだいに重視されるからである（宇宙）。プラトン自身も結局は譲歩する。『ティマイオス』でプラトンは、物質のない精神性と、精神性のない物質の両方を否定する（混性）。つまり、過去の哲学者たちは、自然という同じ輪のなかで対立し、争ったりしたにすぎない。しかも、彼らの時代の科学は、こういう傾向を助長していた。自然学者は自発的な（自然な）運動の理解に慣れてしまっていたのであり、ヒポクラテスの医学も自然だけを頼りにしていた。「自然だけが癒す」のである。

戯画化するおそれもあるが、われわれは古代のもろもろの哲学に苛烈な戦いをさせるだけではなく（そうすればアリストテレスは、最も好ましい者でもすぐれた者でもなくなる）、分裂していたものをつなぎ合わせる理論、つまり分離されたイデアと感覚とを調和させようとする理論へと帰着させる。自然はまさにこのつながりを明確にする。つまり、自然ということばは、単なる物質を超えるものと、物質に生気を与えるものとが物質に入っていくことを示している。

合理性を否定するか禁止するように見える生成変化のなかで、合理性という概念をどのように維持すべきであろうか。賢者はどのようにして自らを世界と一体化させ、その合意の喜びを体験するのか。また、道徳論と自然学は、どのようにして何らかの融合に達するのであろうか。

# II 新しい哲学の到来——古典時代の哲学

## デカルト――われわれは世界を理解できるようになる

デカルト哲学の登場は、哲学史にとって青天の霹靂《へきれき》のようなものであった。デカルトはまったく新しい哲学の到来を、したがって古代哲学の終りを告げた。そしてデカルトは、過去の遺産も、不毛になったスコラ哲学の継承も拒否する。

少なくとも二つの新しさが、過去との断絶を示している。過去の理論家たちは、自然を頼りとし、自然と一体になろうとした。しかしデカルトは、人間が自然の「主人であり所有者」であるとする。デカルトはわれわれを自然に服従させるのではなく、自然の法則を把握して、自然を変えようとする。

もうひとつの新しい点は、哲学が厳密な科学に変わろうとしたことである。それまでは、分析・準拠《じゅんきょ》・示唆《しさ》・議論が重要であったが、デカルトは証明が働くようにした。われわれは、準定理を前にすることになる。スピノザは幾何学者が書くように『エチカ』を書いた。デカルトはスピノザよりも先に、『省察』の「第二反論に対する答弁」のなかで、自分の省察の論理的・幾何学的な展開を行なっている。彼は定義・公理・定理のほかに証明さえも使っている。

したがって私は、**コギト（単なる思考）が哲学の新しい中心を規定する**と考える。ほかのすべてのものの条件であるコギトを出発点にして、われわれは世界を理解できるようになる。われわれはコギトから物体の本質を演繹《えんえき》する。

コギトがわれわれに与えるのは、疑うことのできない真理（懐疑は真理を強化し、堅固にする）よりも、新しい方法のための基礎である。またデカルトが始めた哲学史の第二の時代の古典哲学全体が、コギトをめぐる論争的な理解と、コギトが哲学者にもたらした観念論とをめぐって展開されよう（合理的なコギトのあと、経験的コギト、そして最後に先験的コギトが来る）。いずれにしてもわれわれは哲学史の新しいページに進んだのである。

デカルト哲学の登場という新しい事態の意味はじっくりと考えるべきであった。ところが、学識豊かな学者たちは、デカルト以前の哲学者たちのなかに、「コギト」を見つけ、過去の哲学とデカルト哲学のあいだのへだたりをなくしてしまったのである。そのへだたりを強調すべきであると私は考えていたのだが。実際、アウグスティヌスはデカルト哲学を先取りした最初のひとにされた。アウグスティヌスは『三位一体論』のなかで次のように書いている。「どんな霊魂も確実に自己自身を知っている。……人間が疑うとしたら、そのひとは思考していることになる。……したがって、ほかのことは疑うことができても、精神のこの働き全体を疑うことはできない。」(『三位一体論』) そしてこの分析が、何らかの理由で間違っているとしても、アウグスティヌスは次のように付け加える。「私が欺かれているなら、私は存在する」。疑いが、思考と存在のなかに入ってくる。

しかし、われわれはここで新プラトン主義の空気のなかにある。重要なのは、感覚的なものから霊魂を守ることである。ひとは感覚を疑うことはできるが、霊魂を疑うことはできないからである。精神的なものは物質的なものから離脱している。アウグスティヌスは、反省的内在性の明証性を強調する(「霊魂がそれ自体について持つ確実な認識」)。さらにアウグスティヌスは、思考のなかに三位一体のイメージを見出す(「われわれは存在する、われわれは自分たちが存在していることを知っている、われわれはこの知識と存在を愛している。」『神の国』)。

しかし、表現されたことばが似ていたり、接近しているからといって、アウグスティヌスとデカルトという二人の思想家のへだたりがなくなるわけではない。比較による分析を通して、われわれはそのへだたりを読み取る。しかも、デカルトがアウグスティヌスの考えを借りたと考え、そのことをデカルトに指摘した文通相手がいるが、デカルトはそのひとに、これから図書館にあるアウグスティヌスのテクストを見に行くつもりだと告げている。これはデカルトがにせの先行者の存在を知らなかった証拠である。

古典時代の理論家たちは、ギリシアの哲学者たちの視点に戻ることができない。思想家が賢者の代わりになる。道徳が貴族の位を持ち続けることにわれわれは反対するだろう。デカルト自身、そしてのちにはスピノザとカントが、道徳論を大いに発展させるが、こうした哲学者たちの道徳論は、行動（さらには幸福を得ること）を正当化するよりは、特別な問題、利害関係、情念に抵抗しなければならないひとびとの自由を確実にしようとする。そのような強力な意志は、基礎としてのコギトから直接に生ずる。

デカルト哲学についての手短な見解を、私はコギトについての簡単な検討から始めたい。というのは、コギトは新しい哲学の中心にあり、すべてがそのまわりを回るからである。

デカルトとともに哲学のコペルニクス的転回が始まる。それはわれわれの存在について疑う余地のない確実性が得られたという意味においてである。この転回は、ひとつの「存在」との出会いの結果ではなく、その存在についてのわれわれの認識にのみ由来する。デカルト哲学の特徴である、認識から存在への移行を検討しよう。

コギトにおいて重要なのは、観察や証明の心理的経験ではなく、われわれを思考する実体として示す必然性を理解することである。コギトは、われわれが疑えないものを真と見なす基準を正当化しさえする。コギトという考え方の新しさのひとつは、悪しき霊や狡猾な神の存在を仮定すること、つまりわれわれを欺こうとするある意志の存在を仮定したことである。この意志は方法論的な手続きとして仮定されたものであるが、われわれ自身が、問題とその解決をはっきりさせるためにそれを作り上げたのである。そしてこの仮定は、最も確実な認識のすべてを拒否させることもできる。その代わりに、この仮定がそこから生じる拡大された疑い、つまり直接コギトに至る疑いに到達できないおそれがあってもそうなのである。

「思考するためには存在しなければならない」を大前提とする三段論法の結論としてコギトを理解する説があるが、そういう説を取ることはできない。思考するものはすべて存在する、あるいは、私は考える、ゆえに私は存在する。

デカルトは、立証の手続きとしての三段論法を排除しただけではない。コギトは、思考と存在の一致と同じものではなく、必然的なひとつの関係を表わしている。そして、「思考するためには存在しなくてはならない」という命題は、一方（思考するもの）が他方（存在）なしにはありえないということだけを示している。この原理は、議論の余地のない真理の理解を保証する条件の役割を演じている。この条件の検討が、真理の理解を確実にする。「私は疑う、思考する、存在する、実在する」（それぞれのあいだに「ゆえに」はなくてもいい）のそれぞれが相互に厳密につながっていることに注意しておこう。

「私は呼吸する、ゆえに私は存在する」とか、「私は散歩する、ゆえに私は存在する」と主張できるとしてデカルトに反対するひとたちがいる。これに対してデカルトは、呼吸も散歩も疑いの対象になると答えるが、もしも私が呼吸したり散歩したりすると思考するならば、そのとき私は疑いなく存在している。思考だけが存在するものとして自らを確認し、また確認することができる。

そこから多くの、また意外な結果が生じてくる。そのなかで、「私が思考をやめれば、存在もやめることになる」という命題を考えよう。デカルトが、われわれはつねに思考している、子どもでさえも母親の胎内で思考している、ただその記憶がないだけだというのはそのためである。

しかしながら、誰かしら或る、この上もなく力能もあればこの上もなく狡智にもたけた欺瞞者がいて、故意に私を常に欺いている。彼が私を欺いているならば、そうとすればこの私もまたある、ということは疑うべくもないのであって、彼が力のかぎり〔私を〕欺こうとも、彼はしかし〔それでも〕けっして、私が何ものかであると私の思惟しているであろうかぎりは、私が無である〔アルイハ、何ものでもない、全然あらぬ〕、という事態をしつらえることはできないであろう。かくして、すべてを十分にも十二分にも熟考したのであるから、そのきわまるところ、「われあり、われ存在す、」というこの言明は、私によって言表されるたびごとに、あるいは、精神によって概念されるたびごとに、必然的に真である、と論定されなければならないのである。（『省察』）〔『デカルト著作集2』白水社、所雄章他訳〕

われわれはコギトから離れることがない。デカルト哲学全体がコギトを出発点としているからである。たとえば神の存在証明（『第三省察』のタイトルは「神について、神が存在するということ」である）は、その最もいい例である。コギトは神と必然的につながっている。

われわれはデカルトによる神の存在証明の本質的なところを想起する。まず、私が自分のなかに完全性の観念を持っていなければ、自分が不完全であるということを知りえない（しかし私は不完全である、なぜなら「私は思考する」に到達するためには、疑いから始めなくてはならなかったからである）。ところで、存在しない完全性が完全でないのは明白である。問題は神の存在論的証明である。

宇宙論的証明というもうひとつの神の存在証明を検討しよう。われわれは自分たちのなかに完全性の観念を見出すが、そのような観念の内容と客観的な実在性は、その観念に等しい存在と原因によってのみ与えられる。「私たちはきわめて完全な存在によってしか、つまり実際に存在かつ実在している神によってしか、そうした観念を手に入れることができない。それは認めざるをえない。……より多く完全であるものが、より少なく完全であるものの結果や付属物であることはありえない。」（『哲学原理』）

この証明から重要な結果が生ずる。それは、コギトがその体系の中心に含んでいるもの、すなわち認識から存在への移行を改めて確実にする。確かに、神は存在していて、われわれは神を全能とみなすので、神は世界を創造したことになる。しかし、神が考えるものと実現するものとは不可分であり、本質と存在は同じであるから、論理的な秩序と存在論的な秩序が一体になる。もしも（不完全な）人間がすべてを分離しても、デカルトは「神が同じ一度の操作で、すべてを理解し、欲し、創造する」と明言している。その結果、いまやわれわれは、世界の構成を知るには、「秩序」に従ってわれわれの観念から推測すれば十分だということになる。われわれは、思考と存在が等価であることを知っている。

デカルトは、無神論者のための科学はないとさえ主張する。「私には、一切の知識の確実性と真理性はひとえに真なる神の認識に依存する、ということがよくわかるのであって、それは私には、神を私が識るに至る以前には、他のいかなる事物についても何一つ完全には知ることができなかったわけなのである。今はそれを知っているので、無数の事物に関して完全な科学を獲得する手段が私にはあるのだ。」（『省察』第五部の最終段落）〔一部は所雄章訳による。〕

われわれの宇宙は、それ自体で物質を再浮上させたり、物質に何らかの自律性を与えるようなエネルギーや力を持つことができず、創造者の役割を弱めている。複雑なものから単純なものへの還元がわれわれに納得させるのは、外部でわれわれがことばで表現できず、理解できないものは何もなく、すべては延長（かたち、大きさ、部分の運動）に帰するということである。

結局われわれにとって、認識するには思考だけで十分である。神の存在は、コギトが示していたことの拡大である。思考と神と世界は不可分であり、ひとつである。

それに、すべての被造的な完全性を拡大する能力、言いかえるならばそれらよりもいっそう大なる、言うならいっそう広大なる何ものかを概念する能力は、よりいっそう偉大なる事物《もの》、つまり神、の観念がわれわれのうちにあるということからでなければ、いったいどこから生じたものでありうるでしょうか。なお最後に、「神はわれわれによって知解されるよりもいっそう大なるものではないとすれば、神はきわめて卑小なものであるであろう」ということも真ではありません。というのは、神は無限なものであると知解されます、しかるに無限なるものよりいっそう大なるものは何もありえないからです。(『省察』ガッサンディへの返事)〔『デカルト著作集2』白水社、所雄章他訳〕

すでに述べてきたことから、私は次のような結論を出さなくてはならない。神によって創造された世界が「何らかの欺瞞」を含むことはありえないという結論である。神の最高善は無秩序(「悪」)を認めない。

私はそのことで神を非難するために、「毒が入っているかもしれない肉の好ましい味」について言及するつもりはない。自然への非難はやめておこう。われわれが多くの一時的な感情に、すなわちごく小さな決定を妨げるものに熱中することはないが、自然は全体的な評価しか認めない。

その代わり、水腫病患者のように、問題を提起する重大な病気がある。水腫病患者は水を飲み続けて、最後は溺死する。このばあい自然が間違っているように思われ、神に罪がないとは言えなくなる。デカルトは幻肢の痛み（手足がないのにそれが痛むという幻覚）のケースを考える。切断されてしまった足の先に何を感じることができるのだろうか。この病理学は、解体された身体の長所を認めたかもしれない神の善意と能力を問題にするものではないだろうか。

感覚の習慣的な誤りが問題になるとき、たとえば丸い塔が四角に見えたり、星のあかりがろうそくの炎と同じように感じられたりするとき、デカルトが非難するのは、習慣によって、また特に、そうした誤った見方を拡める意見に左右されてしまう個人である。

神に対する非難が起こりうる客観的状況に関して、デカルトは神の無実を立証する。問題の病気は、外見的な変調しか含んでいない。（『第六省察』）このように、完全に欠けている足の先から、脳に刺激が与えられて、われわれは得をする。われわれは、器官につながる神経に沿って起こるすべてを中枢に連絡しなければならない。この脳の中心において、われわれが動かせるものに反応することが重要である。こうしたタイプの組織を評価すべきである。それは、正当な目的にかなっていて、身体性に役立つからである。場所はわかっているが、どうすることもできない痛みを感じることにどういう意味があるのか。

デカルトはそれを局所的な異常とは解釈せず、情報を全体的に考える。かりにわれわれが一度でも体のいたるところから警告を受ければ、われわれはもはや生きていけないだろう。それほど、順応は速さと全体の利益とを含んでいる。
最後に、神を正当化しよう。人間が世界に持ち込んだもの以外に悪は存在しない。

神は欺く者ではないということ、それゆえにいかなる虚偽も私の意見のうちには、これを矯正するために神から賦与された何らかの能力も私のうちにまたあるというのでないかぎりは、見いだされることのありえないということ、まさしくこのこと［を私が知るに至ったということ］が、またそれらのものにおいても真理に達しうるという確実な希望を、私に示してくれるに至ったのである。固より、私が自然によって教えられるもののすべてが何らかの真理をもっているということには、疑いはない。というのは、今私が一般的に観られた自然と言うときに知解しているのは、神そのもののことか、神によって制定されたところの被造物［どもの間］の相互的秩序のことか、のいずれかにほかならないし、個別態における私の自然とは、神によって私に賦与されたもののすべての綜体にほかならない、からである。（『省察』）（『デカルト著作集2』白水社、所雄章他訳）

読者がデカルトの思考に関心を持つように、デカルトの巧みさが表わされているテーマを展開しよう。それはいままでのものよりも中心的ではないが、もっと精彩に富んでいる。

われわれの宇宙が、多くの謎、あるいはむしろ力に満ちていることをデカルトはよく知っている。そうした力は、磁気・重力・電気、その他の引き寄せる力のような、物質をそこに還元しなければならない唯一で単純な空間性に依拠するものではない。デカルトが称讃するのは、演繹と思考への依存だけであるが、ここでは描写し、探求し、実験をするべきではないのか。われわれが説明を見出すのは、自分たちにおいてのみではないのか。そうでないならば、われわれはコギトと同じく創造主である神を再び問題にすべきではないのか。そのような疑問にデカルトはどう答えるだろうか？

デカルトの主張のひとつのなかにその答えがある。「それらの場合は自明であるから、証明を必要としない。たとえ経験がわれわれにこの反対のことを示すように思われても、われわれはやはり、感覚よりも理性により多くの信頼を置くべきだろう。」（『哲学原理』第二部、第五二節）〔『増補版デカルト著作集3』白水社、三輪正・本多英太郎訳〕。運動の法則は、この論理・神学的方法論の豊かさを証明するだろう。『哲学原理』第二部第三六節は、そのことを規定している。「神は運動の第一原因であって、宇宙の中に常に同じ量の運動を保存している。」そして次の節ではすぐ次のように付け加えている。「自然の第一法則。あらゆるものは常にできるだけ同じ状態を保とうとする。したがって一度動かされるといつまでも動きつづける。」

しかし、われわれの身体の機能と、植物の生長を、心臓のリズミカルな収縮のような仕組だけに、あるいは最も単純なその論理に還元できるだろうか。

デカルトはあきらめない。たとえば磁石が彼の関心をひく。デカルトは『哲学原理』の第四部で、宇宙が含むもの（火・金属・石灰・ガラス・染料など）を二〇七節にわたって検討しているが、そのうちの五四の節で磁石について述べている。

磁石が鉄やほかの磁石を引きつける現象を説明するために、デカルトは筋の入った粒子が宇宙のなかを循環していると考える。その粒子だけが、磁気を帯びた鉄のらせん状の小さな穴に入りこむことができる。そして、その粒子は磁気を帯びた鉄のなかをまわって別の極（南極）で外に出る。この流れのために、くぼんですぐに埋められる隙間が生じるが、それは磁力を一時停止する傾向のある鉄に、すぐにくっつく別の磁石によってである。したがって、あいまいな力のせいにしても無意味であり、筋のある粒子とそのかたち、その移動、つまりその仕組みが求めるものだけを認めれば十分である。デカルトは磁石の特性を三四挙げ、そのすべてを説明する。たとえばデカルトは、火が磁力を奪うと考える。火が小さな穴をふさぎ、受容器の管を壊すからである。

『方法叙説』のなかでデカルトが実験を重視しているのも事実である。彼は読者に観察のレポートを送るように求め、さまざまな実験を要求している。しかしそこで間違えないようにしよう。デカルトが追加データを望むとしても、それは「彼の力学モデル」をよいものにし、もっと新奇なものを説明する能力があると主張するためなのである。そこには変節や変化のしるしはない。

これにつづいて私は、ただ小さいがために感覚できないさまざまの物体の形、大きさ、運動の間に見いだされる主要な相違のすべてを検討し、それらがさまざまな仕方でたがいにまじり合うことによって、どんな感覚可能な結果がでてくるかを考察した。次いで感覚によって覚知できる物体の中に似た結果を見た時、その結果は同じ仕方で生じたのであろうと考えた。そして、かような結果を生じうる原因として自然全体にわたって他のいかなるものもありえないと思われた時、それらの結果がまちがいなく以上のとおりであると思った。（『哲学原理』）〔『デカルト著作集3』白水社、三輪正・本多英太郎訳〕

コギトとそれを通しての神というデカルトの哲学体系の基礎は、道徳論の基礎を固めてもいる。

デカルトの道徳は、いわゆる暫定的ないくつかの道徳の規則によって規定される。この暫定的な道徳はやがて決定的な道徳として作り直されることになる。第三の格率はわれわれに対して、世界の秩序の変化よりもわれわれの欲望の変化を求める。「私たちは病気になってもしきりに健康になりたいとか、牢獄にいれられてもやたらに自由になりたいとか望まなくなり、……それはいま金剛石に劣らない不壊の物質でできた体や、鳥のように飛ぶ翼を持ちたいと望まなくなるのと同じ」である。(『方法叙説』第三部「方法から引き出されたいくつかの規則」)〔『デカルト著作集1』白水社、三宅徳嘉・小池健男訳〕

読者はここにストア学派の道徳論への回帰があると考えることもできるが、そうではなく、その反対でさえある。ここでデカルトは自分の意見を無理に押しつけようとするのではない。知性は使ってはならない方法をわれわれの自由意志に教え、自由意志が不可能なものにぶつからないようにする。デカルトがわれわれの無限な意志の完全な行使だけを求めているのが、まさにその証拠である。

幸福を追い求めてはならない。運に左右される名誉・富、そのほかの利益のことをデカルトは考えている。心の内側の満足を保証するものだけに心を傾けよう。「われわれが正当に称讃され、または非難されるのは、ただ、この自由意志に依存する行動によってだけである。」(『情念論』第一五二節)〔『デカルト著作集3』白水社、花田圭介訳〕

情念にわれわれが取り囲まれるとき、デカルトはわれわれを疎外から逃れるための助言を与えてくれる。『情念論』の最後から二番目の節は、意味深いことに、「情念に対する一般的な治療法」(『情念論』第二一一節)というタイトルになっている。

デカルト哲学の特徴となるもうひとつのテクストがある。「行動にあたってできるだけ断乎とした態度をとること、どんなに疑わしい意見でも、いったんそれに決めたときには……変わらぬ一貫した気持でその意見に従うということでした。この点では旅人にならうわけです。旅人はどこかの森でたまたま迷っても、あちらの方、こちらの方と、ぐるぐるさまよい歩いてはなりません。」(『方法叙説』第三部)〔『デカルト著作集1』白水社、三宅徳嘉・小池健男訳〕。ここでデカルトは、悟性よりも意志が重要だと説いているのである。デカルトは、疑わしいものだけを受け入れ、救おうとまでしている。われわれがデカルトの意見に賛成することが重要なのではない。そのような忠誠心があったとしても、われわれは決意によって自分に確信を持つからである。

またわれわれは神に近付くが、神は創造を必然性への敬意、真理への配慮に従属させることはなかった。神は善なるものを欲したのではなく、彼が欲したものが善である。それが永遠の真理の創造である。意志は自ら決定しなければならない。

すでに述べたように、自由意志はコギトの中心にある。すなわち、「私は、私の思考のすべてが誤りで架空のものだと自らに偽わる」し、さらに「私が自分を自らだますことで、私のあらゆる配慮を示すのは、他でもなく私である。」「自由意志はわれわれをわれわれ自身の主人たらしめるのであり、かくて、われわれをどうやら神に似たものとするのである。」(『情念論』第一五二節)〔『デカルト著作集3』白水社、花田圭介訳〕

したがって、コギトと神は、デカルト哲学の最後の部分で、この哲学の展開に貢献するのである。

通常、猟犬を訓練して、鷓鴣を見るととどまり、ついで鷓鴣を撃つとその音を聞いて鷓鴣の方へかけつけるようにするのである。さて以上は、各人が苦心して自分の情念を統制する勇気を得るために、心得ておくのが有益なことである。思うに、理性を欠いた動物においてさえ、わずかの馴れで脳の運動を変えることができるからには、人間においてそれがいっそう可能なことは明らかであり、最も弱い精神の持ち主でさえも、もし精神を訓練して導くのに十分な積み重ねを用いるならば、あらゆる情念に対しまさに絶対的な支配力を獲得しうることは明らかである。(『情念論』五〇)〔『デカルト著作集3』白水社、花田圭介訳〕

# スピノザ——すべてを統一しようとする試み

スピノザを私はデカルト派のなかで最も反デカルト的な哲学者だと考える。またスピノザの哲学は、最も素っ気ない形式、つまり幾何学という形式で書かれている。最初は自らのものとしていたデカルトの哲学にスピノザは闘いを挑んだのだが、その哲学がこのような叙述の方法を用い、それを確認するようなことは、かつてなかったことである。

スピノザによると、デカルトは、神と世界、思考と延長、悟性と意志、魂と精神のあいだにたえず分離を行なった哲学者である。これに対してスピノザは、決定的で最高度でさえある一元論に向けて、すべてを統一しようとした。

この新しい哲学においては、思考を思考することであるコギトは、ただちに消えなければならない。コギトは、デカルトが支えたようなその方法的優越性を失う。私はコギトを出発点にしてスピノザを考察することはできないが、それにはいくつかの理由がある。

まず第一に、スピノザはデカルトの要求を拒否する。デカルトの方法そのものを問題にしなければならないからである。どういう方法の名のもとでひとつの方法を認めるのか。よく考えてみよう。労働の世界のことを考えると、人間は最初に基本的な道具を用い、それによって開拓したり、もっと力のある道具を作ったりする。また彼らはそうした道具の交換もする。というのは、人間は最初に機械や道具を作るときに、別の機械や道具を使わなかったことは明白だからである。方法そのものという見方は捨てて、方法と本当の認識の仕事を分離せず、両者を一体化すべきである。

コギトを否定するもうひとつの理由がある。スピノザは『エチカ』のなかで、魂を身体の外側に置いて考察することはできないと説いている。『エチカ』第二部定理二三によれば、「精神は身体への刺激の観念を知覚する限りにおいてのみそれ自体を認識する。」あるいは、定理一二を引用するならば、「人間精神を構成する観念の対象が身体である。」われわれは（神のなかにある）この観念の観念を考えることになるが、どのようにしても、精神を身体と身体の観念とから分離することはできない（そのために、孤立したコギトを含むこのような反二元論が生ずる）。

このあとに起こる争いのなかで、基本的なコギトは、スピノザの見るところでは、人間的なもの（あらゆる自伝的な物語に続くコース）と存在論的なものとをあまりにも混同している。このあいまいさを捨てなければならない。またデカルトも『省察』のなかで、コギトが不完全なものであり、必然的に神（無限）に到達することを認めている。しかし、始めなければならないのであるから、導入されたものからではなく、基本的なものから始めよう。単純な論理がそれを望んでいる。

従って『エチカ』は、実体・統一性・絶対性を出発点とする。『エチカ』の冒頭でスピノザはそれを自己原因として規定する。「自己原因とは、その本質が存在を含むもの、つまりその本性が存在としてのみ考えられうるものである。」そして、もしもそれがそれ自体の原因であるとするならば、それは自己原因が作られることはできないからである。

要するに、デカルト哲学が展開したすべて、そのあと引き継がれたものすべてがスピノザによって再び取り上げられ、統一され、最後にはすべてのなかに一切が吸収される。

この故に、与えられた真の観念の規範に従って精神がどのように導かれるべきかを示す方法が正しい方法であることになる。なおまた二つの観念の間にある関係は、それらの観念の形相的本質の間にある関係と同一だから、これからして、最高完全者（Ens perfectissimum）の観念の反省的認識が他の諸観念の反省的認識よりすぐれているということが生ずる。言い換えれば、最も完全な方法は、与えられた最高完全者の観念の規範に従ってどのように精神が導かれるべきかを示す方法であることになる。

精神のこの探求がどんなものかについては私の哲学の中で説明される。

以上から次のことがたやすく知られる。それは、精神がものを理解することが多くなるにつれて、同時に、精神は、理解の道を一層容易にたどるための他の新しい諸道具〔観念〕を獲得してゆくということである。（『知性改善論』）〔岩波文庫、畠中尚志訳〕

スピノザの哲学で最も異論の多いもののひとつは、延長が神そのもののなかにあるとしていることである（延長はデカルトでは最低の位置にあるが、それは延長というただひとつの空間性が物体の構造を構成するからである）。『エチカ』第二部定理Ⅱは、この点についていかなる疑いもしていない。つまり、「神は延長のある物である。」最初のうちスピノザはデカルトの理論を認めていて、一六六三年に『デカルトの哲学原理』を刊行した。この著作のなかにはデカルトを批判するかすかな前兆がありはするが、本質的なところではデカルトの哲学を認めている。しかし彼はまもなくそれを非難し始めるのである。

両者の対立はたちまち始まる。スピノザはデカルトが延長を受動的で動きのないものとしたことを批判する（延長は単にかたちのあるもの、もしくは平面化である）。そして、デカルトと反対の仮説に有利な議論を重ねていく。

デカルトへの批判はどのようになされたか。物体という延長している実体は分割することが可能であり、従って受動的であるが、神は受動的ではありえない。そのため、延長のある物体の特性は、神の本質に属することはできない。しかし、スピノザによれば、延長は分割できない。もしも延長を分割すれば、分割されてできた二つの部分は、決定的に無限な延長に属し続けるであろう。また、二つの部分は実体の性質を保持し続ける。この二つの部分は、実体をいくつも構成することはできない。しかしそれらの部分がその実体とは異なるものになるならば、その実体の性質は失われる。『エチカ』定理一三の系が「いかなる物体的実体も可分的ではない」と強調するのはそのためである。

スピノザは延長を能動的であると考える。外部性、あるいはもっと正確には延長性は、実体の力そのものを表現し、提示している。往復書簡の相手であるチルンハウスへの返信のなかで、スピノザは延長について次のように明確に示している。「静止したかたまりとして考えられたデカルトの延長についてですが、そこから物体の存在を導き出してくるのは困難であるばかりか、完全に不可能です。……私が自然についてのデカルトの原理は不合理とはいわないまでも役に立たないというのをためらわなかったのはそのためです。」（一六七六年五月五日の書簡）。同じ年の七月十五日に、スピノザはこの問題について再び次のように書いている。「延長による物質というデカルトの定義は、私には間違っているように思えます。」

そして、空間性の断片が接合するとき、重要なのは単純で偶然による一致ではなく、その反対の本当の結合、深く結ばれた調和である。魂がその観念であるわれわれ自身の身体は、その結果として、その複雑性と豊かさとによって規定される。われわれの身体は「部分から成るもの」、つまり機械的なモデルやロボットに還元されはしない。

実体から外的といわれる現われを排除してはならない。それらの現われは能産的自然に由来するからである（能産的自然はそれ自体以外のものを必要としない）。「神はすなわち自然である。」この反デカルト的な極度の一元論のために、延長と思考を接近させることができるし、そうしなければならない。二つとも実体だからである。両者は区別されていて、一方は他方がなければ産み出されないが、二つの存在を構成しているという結論を導くことはできない。

デカルトが解したような延長から、即ち静止する物質としての延長から諸物体の存在を証明することとは、貴下が言われる通り困難なだけではなく、全然不可能でもあります。というのは、静止する物質は、出来得る限りその静止に固執し、そして自己の外部にある自己よりいっそう強力な原因によってでなくては運動させられないからです。この理由からかつて私は、デカルトが採用した自然に関する諸原理は不条理とは言えないまでも無用なものであると主張するに躊躇しなかったのです。

ハーグ、一六七六年五月五日

（「チルンハウスへの手紙」）〔『スピノザ往復書簡集』岩波文庫、畠中尚志訳〕

『エチカ』はしだいにデカルトの哲学体系から遠ざかる。『エチカ』第三部の序文はそのことをはっきりと告げている。スピノザはにせの自由意志に頼るのを拒否するが、それは情念から癒されるためである。スピノザはまた、松果腺《しょうかせん》を通して精神が身体に影響するというデカルトの説を信じない。スピノザによれば、松果腺はデカルト特有の、信じがたい心理学・生理学の架空のものにすぎない。スピノザの考えでは、人間は自分の情念に絶対の権力を行使できる、帝国のなかの帝国ではない。

スピノザは情念の数を数えることもしない。かれは情念のすべてを「その存在のなかに存続しようとするすべての存在の努力」から導出し、その努力を大きくしようとする。それが欲望の基本的な原理である。

しかし、われわれの盲目の状態の支配、われわれの情念の支配から、情念の暴力と苦しみからどのように逃れるのか。

すでに理性は、自然を超えたり、われわれを疎外するものを呪ったり、ましてそういうものと戦うことをわれわれに求めてはいない。理性はわれわれに、自分たちに刺激を与えるものを理解する力を行使するようにとはげます。確かにそれが徳であって、われわれの原則(存在の発展)を最も保証するものである。徳はわれわれを一歩前進させる(真に有用なもの)。「各人が相互に愛し合い、自分にとって有用なものを求めることが望ましい。……各人が自分にとって本当に有用なものを求め、人間をもっと完成させるように本当に導くようなあらゆるものを求めることが望ましい。」(第四部命題一八)。

要するに、情念はわれわれの行動力を小さくしてしまう。この行動力の活力を復活させせなくてはならない。

もうひとつの反論がある。スピノザは、人間の解放のために国家に期待してもいた。スピノザの次のような考え方はよく知られている。「理性によって導かれる人間は、自分ひとりにしか従わない孤独のなかにおいてよりも、共通の規則に従って生活する国家においての方が自由である。」(第四部定理七三)。反対に、いかなる社会的参加にも加わらず、自分だけに頼る者は、最悪の抑圧に屈することになる。さらに、思考と延長との平行論を裏書きする考え方であるが、われわれは何らかの身体的仲介をあてにすることができる。実際スピノザにとって、もっと適合していて制限されることの少ない身体は、「大部分が永遠な」精神と組むことができる(『エチカ』第五部定理三九)。「体が弱くて、特に外側の原因に依存する子どもも」、事物のなかに入りびたっている子どもは、自分自身・事物・神を少しも意識していない。われわれのおのおのが、自分の弱さを想像しなくてはならない。

「きわめて多数の事物に適応する身体を持つひとは、自分自身・事物・神を非常に意識する精神を持っている。」(『エチカ』注)。われわれを自由にしようとするスピノザは、われわれを至福へと導く必然性を通して、拡大・充実、神と永遠との無限への一体化をいたるところで勧める。

とはいえまた、正しい生活法について多くのすぐれたことを書いて、思慮に充ちた勧告を人間に与えた卓越せる人々もないではなかった（我々は彼らの労作と勤勉とに負うところが多いことを告白する）。しかし感情の本性と力について、また他面精神が感情の制御に関して何をなしうるかについては、私の知る限り、まだ何びとも規定するところがなかった。もちろん私は有名なデカルトのなしたことを知っている。デカルトはやはり精神がその活動に対して絶対の能力を有すると信じていたものの、それでも人間の感情をその第一原因から説明しようとし、同時に、精神が感情に対して絶対の支配権を有しうる道程を示そうとつとめたのであった。しかし彼は、少なくとも私の判断によれば、彼の偉大な才能の鋭利さを示したにとどまっている。このことについては適当な場所で論証するであろう。（『エチカ』）〔『エチカ・上』岩波文庫、畠中尚志訳〕

このあとのスピノザ哲学の展開については説明不要であろう。それは仮にかっこに入れておきたい。聖書の理解についてのスピノザの独創性があるからである。またこのテーマは、これまで述べてきたものよりも、デカルト哲学の批判とは関係が少ない。

『神学・政治論』は新しい理論にかかわっている。聖書の解読・解釈、つまり解釈学という新しい理論である。スピノザは旧約聖書のヘブライ語とその文法の研究ですぐれた仕事をした。しかし、『ヘブライ語文法綱要』は未完成にせざるをえなかった。

まずスピノザは、聖書の記述にある矛盾の解決にたいした苦労はしなかった。たとえば聖書は神がシナイ山から降りてくるであろうと記しているが、神がある場所にいたり、移動したりすることはありえない。また神は火として規定されてあり、神を目に見えるものと結び付けることはできない。聖書のなかのさりげないことばにも矛盾がある。たとえば、アビメレクが聞いた声は想像上のものである。というのは、『創世記』（二〇－六）には、「夢のなかで神が彼に告げるのを聞いた」とあるからである。つまり彼は目覚めてはいず、眠っていたのであり、そのときに想像力が期待している心に働きかけたのである。

ほかにも聖書からいくつかのエピソードが引用され、それによってスピノザは聖書の統一性に異議を唱える。スピノザによれば、聖書は多くのひとによって書かれたのであり、その結果として混乱した状態が残っているのである。

スピノザによると、ユダヤ人は中間原因というものを知らず、すべてを神に関係させる。ユダヤ人のひとりが欲望を感じたとすれば、それは神がそのひとの心に欲望を持たせたからである。神の山は単に高い山という意味にすぎない。注釈されたり書かれたりしていることを、過度に文字通りに受け取ってはならない。

スピノザはユダヤ人のいわゆる選民意識にも反対するようになる。いかなる民族もほかの民族よりも優位でありえないからである。神がユダヤ人を選んで、ほかの民族の上に置いたことはなかった。ユダヤ人がディアスポラの民族として長いあいだ暮してきたことを、スピノザはきわめて自然に説明する。

『神学・政治論』はひとつの批判的な分析に留まるものではない。スピノザは、聖書が神への服従と博愛を説く限りにおいて、聖書を称賛する。「神と神に近いものを、自己自身と同じように愛せ。」それが、哲学によるものとは異なる、信仰による救いの道である。

要するにスピノザは、単なる理論によるものとは異なった、別の解放の方策を考えていたように見える。

まだ十分に解明されていないもうひとつの論点がある。それはスピノザがキリストに例外的な役割を与えていることである。「私はキリスト以外に、ほかのひとたちよりももっと高く、自らを完全にまで高めた者を知らない。というのは、キリストは人間の救いについての神の企てを、ことばや眼で見たものの媒介によってではなく、直接に啓示されているからである。……従って、キリストの声は神の声と呼ばれる。」（『神学・政治論』）

スピノザの書き残したものには、最初からさまざまな異本があるが、その校訂は哲学史家にまかせることにする。

ヘブライ語に於《お》ける曖昧性のこの三つの原因の他に、なほ二つの注目すべき原因がある。そのどちらもが、前のより遥かに重要なものである。その一はヘブライ人たちが母音文字を持たなかつたことであり、その二は彼らが一般に文章をどんな記號に依つてでも区切ることをせず、又それを何らかの方法で表現乃至暗示することをしなかつたことである。尤もこの二つ、――母音文字と記號――は通常點符と揚音符とで補はれてはゐ《い》る。然し我々はこれに充分の信を置くことが出来ない。何故ならそれはずつと後世の人々――我々にとつて何等の権威に価《あたい》ひしない後世の人に依《よ》つて創始され採用されたものなのであるから。〔『神学・政治論』〕〔『神学・政治論・上』岩波文庫、畠中尚志訳〕

## ライプニッツ——すべては、あらかじめ決定されている

ライプニッツは、デカルトにもスピノザにも対立する。読者は、デカルトを批判するライプニッツと、スピノザに反対するライプニッツについての徹底的な研究を参照していただきたい。

スピノザと同じように、ライプニッツは神から出発する（ライプニッツの『形而上学叙説』の最初の節のタイトルは「神の完全性について、また神は望みうる最高の仕方ですべてをなすことについて」というタイトルである）。ライプニッツは、デカルトのコギトを幾分か空虚であるとして排除する。デカルトのばあい、コギトは直観的な明証によって規定されたが、ライプニッツはコギトという実体を論理的分析という方法で規定した。個体的実体はほかの個体的実体とは異なるものであり、その存在の始まりは創造によってのみ可能である。しかしこの個体的実体が宇宙を表現し、神を模倣していることに特に注意しておきたい。この個体的実体は相互に分離することができない。

ライプニッツの神がデカルトの神と対立することはすでに明らかである。すでに述べたように、デカルトの神は最善のものを実現したのではなく、最善のものは神が実現したのである。ライプニッツはこのようなデカルトの説を否定する。ライプニッツは、もしもそうであるなら神は理由なしに行動できることになる、理由が意志に先立つのが当然になるからだと反論した。神の力が勝手なものだという考え、計算が自由な決断よりもまさるという考えを否定しなければならない。

ライプニッツはスピノザの運命論にも反対である。スピノザの哲学が汎神論（神はすなわち自然である）を考慮しなくても、スピノザは可能なものと必然とを混同したのである。ライプニッツの神は道徳的必然性に従う。ただし、神と必然性とは協調できないように思われる。

またライプニッツは「神はもっといいことをすることもできたであろう」という考えを斥ける。そのような仮説を唱えるひとは、世界全体を考えていない。なぜなら、悪や、想定された不完全は、部分的・局部的な見方から生まれるものだからである。

もっと先へ進むことにしよう。神は可能な世界のなかで最も良いものを作った。それは最も単純な手段を用いて作られた最も豊かな作品である。そしてこの問題は、最大・最小の計算に依存する。そこで、人間精神は受動性の要素を含んでいるが（人間は被造物である）、さらに能動性の基礎も含んでいる。それによって人間は自らを解放することができる。人間精神のなかでは、能動性に重要性を与えるために、受動性が小さくなりさえする。

すでに述べたように、もしもすべての実体が宇宙を表現しているとすれば、それは実体に対する外側からの影響力によるものではなく、実体の内側にある自発性によってである。この自発性のために、実体はそれ自体のなかに全宇宙のしるしを見出す。

ライプニッツはこのような実体主義によって、スピノザともデカルトとも区別される。しかし、すべてが停止され、あらかじめ決定されているならば、行動することにどういう意味があるのか、といった怠惰な議論はやめておこう。というのは、われわれは自分たちの努力が予測されているかどうかを知ってはいないのであり、従って、われわれはこの世界のシステムが自分たちに依存していると考えて行動しなければならないからである。


神の至高の完全性からは、宇宙を産出するに際して神は可能な限り最善の計画を選んだということが帰結する。そこには最大の秩序を伴って、最大の多様性があるのである。土地、場所、時間は一番無駄の無いように使われており、最も単純な手段によって最大の結果が生じていて、宇宙が許容し得る限り最も多くの力、最も多くの認識、最も多くの幸福と慈愛が被造物の内にもたらされている。というのも、神の知性の内で、すべての可能的なものは現実存在を自分たちの完全性に応じて要求しているのであるから、これらすべての要求の結果は可能な限り最も完全な現実的世界でなければならないのである。そうでなければ諸事物が何故他のようではなくこのようになってきたのかを説明できないだろう。（「理性に基づく自然と恩寵の原理」）〔『ライプニッツ著作集9』工作舎、西谷裕作・米山優・佐々木能章訳〕

ライプニッツの考えによると、コギトはそれがそれ自体のなかに含んでいて、自らが表現している世界から分離されることができないためにひとつの抽象的なものである。ライプニッツはこのようなコギトを批判するだけでなく、デカルトのいう延長にも批判的であった。延長は無限に分割できるものであり、そのために実体的な状態を保つことができない。実体は不可分の統一体だからである。『モナドロジー』のなかでライプニッツは次のように述べている。「相対的な概念である延長は（デカルトもスピノザも特に重視し、絶対化した概念である）、牛乳における白さのような、拡がっていって継続する何かを必要とする。」

「思考はモナドに属しているが、延長は複合したものに属している。延長が部分に分割可能で、部分によって合成できることをスピノザは否定しているように見えるが、それは意外なことである。スピノザの意見は意味がない。」（「ライプニッツによる未発表のスピノザ批判」）。付加による積み重ねは、いかなるばあいにも本当の統一体にはならない。不可識別者同一の原理によって先へ進もう。数だけでしかほかのものと異なっていない存在は、それと同一視される。それ自体として存在するためには、質的な特徴を保有していなければならない。ひとつの存在の個別性を認識するためには、大きさ・かたち・運動（場所の移動）を当てにすることはできない。こういう理由でライプニッツは、デカルトのいう延長を批判したのである。

ライプニッツは力を重視する。それは発展のための内的原理であり、運動（単なる場所の移動）を超えていて、物体の本質を考えるための絶対的な性質を示しているコナトスである。デカルトは、神が世界のなかで同じ量の運動を保持しているとしたが、ライプニッツはこの考え方を公然と批判した。ライプニッツによれば、力はまさにそれ自体を保存するのである。そして力は、それが生み出す効果の量によって評価されなければならない。永久運動が存在しないのが、その証拠である。静止によって、あらゆる物体は運動に抵抗するのであるが、そのことはすでに物質が延長だけに還元できないことを示している。

ライプニッツは、実験によってわかり、確信するようになったことを、くり返し述べている。落下のあいだに物体が得る速度は、落下の高さにだけではなく、通過した空間の平方根にも比例する。したがって、その時に消費されるエネルギーは、運動量（デカルトのいうmv）とは異なる。ガリレイの振り子のことも想起しよう。振り子が振れるとき、この物体はもとの高さのところに戻るために、同じ烈しさの力を獲得する。したがって、空間性に与えられている特権は捨てるべきである。空間はおそらく物の秩序に接触してはいるが、物そのものではないというのがライプニッツの見解である。そして、もしも物質的実体が場所を特定できるとしても、この実体はそれを規定する延長を持ってはいない。いまや力学と形而上学は不可分になる。「私はあらゆる物体のなかに感情と欲望、つまり魂があると判断する。」（「新しい自然学設立についての考察」）

この概念の注目すべき証明は、ほかにもあるが、ここでは自然の法則の基礎によって与えられる。その証明を、通常考えられているように、同じ運動量の保存のなかに求めるべきではなく、むしろ同じ量の能動的な力を保存する必然性、同じ量の運動的能動性を保存する必然性（私はそのための十分な理由を発見している）にさえも求めるべきである。この運動的能動性の量の計算は、デカルトの考えとは違って、運動量の計算とはまったく異なるものである。私はこの問題を、部分的には手紙で、また別の部分は公けの場で、二人のすぐれた数学者と討議した。ひとりは私の意見に全面的に賛成であり、もうひとりは長い時間をかけて慎重に検討したあと自分の反論のすべてを撤回し、私の立証に反対することはできないと率直に認めるにいたった。

デカルトとスピノザのあとに登場したライプニッツは、彼らの哲学の不十分のところを強調して批判しようとした。その結果としてライプニッツは、他のいかなる世界よりも神の栄光を確実にする不滅で無限の世界をわれわれに示そうとしたのである。

戯画を描いてみよう。デカルトは、明晰で特に判明な観念の名のもとにすべてを分離した。神と宇宙、思考と延長、魂と身体が分離された。スピノザは、神と自然、思考と延長、個人と国家といった対立するものすべてを統合しなくてはならなかった。

哲学史は哲学の相互の関係を考えるトポ＝イデオロギーでなくてはならないというのが私の考えであるが、ひとつの哲学の著作の独自性のなかに閉じこもる哲学史家は、私のそうした見解に否定的であるらしい。しかし、私の立場から見るとき、ライプニッツをどこに置くべきであろうか。彼はデカルトからもスピノザからも離れた位置にある。そして、当然のことながら、両極にあるこの二人の位置の中間に入り込もうとし、その結果として、中間的なものを導入させた。自然は「飛躍をしない。」いまや、連続性の原理が重視される。われわれは、石から神へ、神から、複数のものに必然的に好都合な形而上学へ、そこからさらに差異・協調・目的性へとさかのぼる。

もしもわれわれが、最も遠くにあるものを相互につなぐ鎖の両端を読み取ることができれば、最も遠くにあるものが、混合されないでしかも分離されてはいないことがわかる。こういう状況のなかで、ライプニッツはデカルトとスピノザの哲学に対する批判が自らには当たらないような哲学を展開させた。もっともライプニッツの（反作用的な）哲学は、批判した対象であるデカルトとスピノザの哲学の影響を残している。

そこで、生きた有機体（植物・動物）もライプニッツにおいては機械として規定される。

それはデカルトに戻ることであろうか。しかし、この神的な機械は、風車や時計のようなわれわれのまわりにある機械とはまったく似ていない。実際、自然の機械はひとりで動くのであり、修理に職人がいるわけではない。『モナドロジー』には次のように書かれてある。

「自然の機械、すなわち生きている身体は、最小の部分まで、無限まで機械である。それが自然と技術、神の技術とわれわれの技術の違いである。」（六四節）

実際に、たとえば時計の部品と歯車は、静止と受動性の世界に属している。機械のなかにあるのは分離した部品であるが、それらの部品には、自動的機能はない。単に集められているだけである。

ライプニッツがデカルトの後成説《こうせい》（胎児の形成）に反対したのは当然である。ライプニッツにとって、生命体は相互に含みあっている。生命体は実際には生まれるものでも死ぬものでもない。「動物が自然に生まれるものでないとすれば、自然に死ぬものでもない。発生もなく破滅もなく、厳密な意味での死も存在しない。」（『モナドロジー』七六）。生命体は大きくなったり小さくなったりするだけである。

最も小さいもののなかに、非常に大きいものが宿っていることは明らかである。アダムには、その後の世代のひとたちが含まれている。それと同じように、物質のそれぞれの部分は宇宙を含んでいる。「植物のそれぞれの枝、動物のそれぞれの足、水の一滴が、それぞれ庭であり池である。」

それだから、もし徳だけしかな［くて悪徳がな］かったり、理性的被造物しか存在しなかったりしたら、善はもっと少なくなってしまう、ということがわかる。ミダス［王］は、持っているものといったら黄金だけであって、そのため自分を裕福とは思えなかった。それに加え、知恵もさまざまであらねばならない。どんなに貴いものであっても同じものを変わりばえもせずにただ繰り返すだけならば、それは過剰であり、貧困でもあろう。書斎に千冊ものウェルギリウスを束ねて置いておくこと、オペラ『カドミュスとエルミオーネ』のアリアだけを歌って明け暮れること、磁器を全部壊して金製のカップだけを用いること、ダイアモンド製のボタンだけをつけること、ヤマウズラしか食べないこと、ハンガリーのワインかシラズのワインしか飲まないこと、こうしたことが理性的と言えようか。自然にとっては、動物や植物や非生命的物体が必要だった。非理性的な被造物の中にも、理性の行使に役立つような驚異はある。もし非叡智的な事物がないとしたら叡智的被造物は何をしたらよいのだろうか。運動も物質も感覚もなかったら、叡智的被造物は何を考えたらよいのだろうか。その被造物が判明な思惟しか有さないとしたら、それはいわば神になってしまい、知恵には制限がなくなってしまうであろう。この点は、私の考察からの一つの帰結である。（『弁神論』一二四）〔『ライプニッツ著作集6　宗教哲学弁神論・上』工作舎、佐々木能章訳〕

# ロック
# コンディヤック
# ディドロ
# ヒューム
## ——先行する哲学をくつがえした人びと

本書を書くにあたって私は自らにひとつの規則を課したが、ここでひとつ例外を認めていただきたい。それは、哲学史を線的に、あるいは外見上だけでも継起するものとして記述するという規則を破るということである。外見上というのは、重要なことは年代的な叙述ではなく、対立したり直したりする運動だからである。ある哲学者のあとに、彼を否定したり、補完しようとする哲学者が現われる。無言ではあるが本当の論理が、そのような哲学者たちの舞台への登場を説明する。

デカルト哲学という記念碑的な仕事が示している古典時代の形而上学帝国主義に対して、公然と批判してきたひとたちの意見を聞きたい。過度なことがなされると、反対方向に過度のことがなされる。デカルト哲学に過度に反対した多くの哲学者のなかで、私はロック、コンディヤック、ディドロ、ヒュームを一体にして考察したい。その当時、コギトの理論、つまり思考だけを重視する理論、本有観念説に代わって登場してきたのが経験論であった。実際、コギトの哲学者たちによると、真理はわれわれの内側に、悟性の襞《ひだ》のなかに見出される。「認識から存在へ、その結果は良好である」という考え方について、すでに十分な解釈がなされてきた。

いまや、このような形而上学を完全なものにしたり、修正するのではなく、きっぱりとくつがえさなくてはならない。どうしてヨーロッパでそのような動きがあったのか。純粋な考察が極限まで行ってしまったということのほかに、私はこの変動の原因にはいくつかの要因があり、またひとつの文明の変化以上のものがあると考える。

始まったばかりの民族学、あるいは少なくとも旅行者たちの報告によって、ヨーロッパ人の規制には従わず、生活の原理としての風習についてもわれわれのものとは異なった人たちがいることがわかった。さらに哲学者は、白内障の手術を受けた生まれつきの視覚障害者、聴覚を取り戻した耳の聞こえないひと、あるいは野生の子どもといった、例外的な人類学的状況に無関心ではいられなかった。たしかにデカルトは、手や足がないのに、ない部分が痛むケースについて論じたりしてはいるが、それは自分の大胆な仮説を確証するためにすぎなかった。そして、発展しつつあった産業も、それなりの仕方で結果を重んじた。特に生産・行動・発明・製造が重視されるようになった。

ロックは、発生論的方法もしくは変形を重視した最初の哲学者のひとりである。ロックは一般的な観念を絶対的なものと考えたり、そうした観念に含まれているものの検討に努力することなく、「いわばわれわれの魂に刷り込まれ彫られた共通か初源的な概念」の存在を否定しようとした。「われわれの魂はその存在の最初からそれらの概念を受け入れていて、それを世界にもたらす」という考え方の否定である。(『人間知性論』第一巻、第一章)

ロックは批判するテーゼに賛成の議論にはかならず否定をする。普遍的な(持ち出された)同意は、その相手が信じていることを証明するものではない。どう考えても、子ども・先住民が、生活に不可欠でアプリオリでさえある原理の観念を少しでも持っているわけはない。また、もしもそうした初歩的な概念がわれわれの心のなかに刻まれているならば、われわれがそれを知っていない理由がわからない。

ロックは、何らかの規則(相互の了解・契約)を尊重する強盗・泥棒に言及する。しかしロックは彼らの心から抜き去ることのできない道徳の種類や要求があることがわかっていない。こうした無法者たちが何らかの取り決めを尊重しないのは、集団を維持し、自分たちの約束事を有利に運ぶためである。先住民族のなかには神の観念そのものを知らない者も存在するように思われる。神の観念は、宗教的なコンテクストによってまったく異なったものがある。

実際、人間の知識の材料は経験である。最初に人間は、固い・柔らかい・白い・甘いなどの単純な観念もしくは概念から出発する。その次に、しだいに複合された観念もしくは概念へと高くなっていく。ロックはわれわれの認識に二つの源泉があるとした。つまり、対象がわれわれに与える印象のほかに、精神がそれ自体に対して行なう反省作用である。この反省は、外側からのものを受け取る感覚作用のあとに来る。ロックは「あらかじめ感覚のなかになかったものは知性のなかにない」という命題を例証し、確認した。

ロックはデカルト哲学をその最もこまかい点まで否定した。実際にロックは、人間がつねに思考しているというデカルトの考え方を批判した。眠っているひとを起こして、何を考えていたかを尋ねれば十分である。そんな問いにそのひとが驚くのは当然である。何も覚えていないのに、眠っているあいだそのひとは思考できたのか。ロックは「森の住民、インディアンの小屋」のことにいつも言及する。また、無知なひとびとについてさえ言及する。彼らは、われわれ文明人といっしょにいるならば、初めから不可欠にまた必然的に持っているはずの原則に欠けているひとびとだからである。

もうひとつの反論がある。母親の胎内にある胎児は、動物のものよりも植物のものに近い栄養分で生きている。胎児は時間の大半を、いかなる知覚も思考もなしに過ごしている。胎児はつねに流動的な羊水に包まれて眠っているだけであり、眼はいかなる光にもさらされない。したがって胎児は完全な無感覚のなかで生きている。胎児のばあい、われわれは形而上学的崇高性の領域から離れている。

ロックはあらゆる手段を使って思考の価値をおとしめようとし、思考にあるとされる一貫性・原初性を思考から排除する。ヴォルテールは『哲学書簡』のなかでデカルトとロックのきびしい対立に注目している。「多くの理性的なひとたちが魂のロマンを語ったが、ひとりの賢人が現われてつつましくその歴史を語った。」(『哲学書簡』十三)

当然ではあるが、コンディヤックはさらにデカルトへの批判を強めた。実際、あとから来る哲学が、先行する哲学がやり終えなかったり、異論の余地があるとしたものを、作り直し、延長し、あるいは根本的に考え直したりするのは当然のことである。

コンディヤックも、ロックの哲学にそれ以前の独断論の名残りがあることを指摘し、ロックが本有観念論を完全には捨てていないことを批判した。ロックは革新的な哲学者であったが、自分が否定したと思っていたものを認めていたのかもしれない。つまり、外部から感覚が受け取って貯えられた材料で新しくできる、思考だけによる自動的で生産的な作用を認めていたのかもしれない。悟性がそのような材料を働かせ、経験とは直接の関係のない抽象的な概念を使って、それらの材料を綜合することもありうるとロックは考えていた。「私はわれわれの観念のもうひとつの起源を感覚と呼んだが、さらにもうひとつの起源は反省である。なぜなら、魂がその手段を使って受け取る観念は、自らの作用に対する反省によって得られるものだからである。」(『人間知性論』)

デカルト批判に関してもっときびしいコンディヤックは、ばらの香りを感じる「状態」についての考え方を展開する。われわれの精神が理解するすべてがそこから派生する。それは徹底的な経験論である。

生まれながらの視覚障害者のケースがこの経験論を確証する。一七二八年に外科医のチェセルデンがその患者に白内障の手術を行なった。患者は初めて光を見た。適応のための時間をへて、彼は自分のまわりの世界を認識した。精神のなかに、あいまいにせよ知覚の力があると考えても意味がない。しかし、この初歩的な事実から人間のもっと高度な能力の出現を説明するために、コンディヤックは言語記号について考えた。言語記号によってわれわれは記憶を所有し、綜合・比較ができる。ことばによって、想起・凝縮・操作が可能になる。

この例と似ているが、少し違った状況が、コンディヤックの見解に役立つ。生まれつき耳が聞こえず、口もきけなかったひとが、突然になんとか聞いたり話したりし始めた。専門家、特に神学者によって質問されたその男は、自分が神・魂、そして道徳について何も知らないことを認めた。彼を支配していたのは、その時の印象だけだった。彼の意識はぼんやりとし、麻痺状態になった。しかし、「彼が話し始めるにつれて」、しだいによくなった。

解放作用のあることばという考え方は、あらかじめ知性があるということになり、本有観念論に戻ることにはならないであろうか。コンディヤックはこの難問から逃れることができた。彼は行為による原初的な言語（身ぶり、そして時には叫び声、何らかの体の動き）から最初に存在するものを導き出した。反省がそれを利用することになる。したがってコンディヤックは、結局のところ言語の前に思考を位置付けたロックとは異なる。コンディヤックは、あらかじめ存在している生得の能力をすべて否定した。それを認めることは、彼の思考生産システムを破壊し、なくしてしまうことになるからである。

古典時代の形而上学は、隠喩、純粋な抽象、巧妙なかけひきをもてあそんでいた。「あらかじめ感覚のなかになかったものは知性のなかにはない、ただし知性そのものを除いて」というライプニッツの考え方、あるいはむしろその考え方に含まれている限界をコンディヤックは批判した。コンディヤックのいう魂は、印象がその上に記す白紙《タブラ・ラサ》に似ている。

コンディヤックの決定的な反デカルト哲学の思想は、彼の『体系論』のなかに見出される。この著作は、コギトとそれから派生するもの、特に本有観念論、純粋な思考の自律と支配権とに対する本当の宣戦布告である。それは、デカルト、マルブランシュ、スピノザ、ライプニッツのすべての哲学的構築物の欠陥を次々にあばくことを目ざしている。「彼らはあいまいな定義、抽象的な原理を積み重ねた。そして、存在・実体・本質・属性などの用語を使って、何でも説明できないものはないと考えた。」(『体系論』)

ディドロは、影響力のある哲学の著作を残しはしなかったが、同時代のひとたちからは「哲学者」(フィロゾーフ)と呼ばれていた。小説や芸術論も書いた多才なひとであり、特にダランベールとともに構想した『百科全書』によって、哲学の歴史に新しいものをもたらした。〔訳者補記〕

しかし、まもなくヒュームがもっときびしい批判を展開する。その批判は、古典時代の形而上学の建築に正面から挑むものであった。実際にわれわれは、外の世界から与えられる印象を受け取るだけではなく、それらの印象を相互に結び付ける。因果性という概念によってわれわれはデータを超えて考え、現在を未来へとつなぐことができる。しかし、カテゴリー的で統一の作用をするこの結合、つまり因果性の起源と性質はどういうものなのか。ヒュームはその成立の仕方を示している。「われわれの観念のすべては、われわれの印象のコピーにほかならない。」(『人間本性論』)

ヒュームの巧みな考えをもう少し検討してみよう。(a)まず、前にあったものとあとに来るものとの連続性が求められる。両者のあいだにいかなるすき間もあってはならない。いかなるインフラックス(仮定的に存在するとされた流体)もそのあいだを通過してはならないからである。(b)前者が後者の先を行くか、あるいは移動において前の位置になければならない。同時に進むと両者の関係が妨げられ、何も生まれない。(c)このつながりの外見上の必然性を説明するためには、この継起がしばしば反復されなければならない。

ヒュームによると、デカルト派哲学の誤りは、物質を単なる空間性に還元したことにある。空間性は運動を含んでいない。デカルト派の哲学者たちは、そこから生産する力が延長のなかにはないという結論に至った。彼らは、少なくともマルブランシュは、この力(因果性)の起源が神にあるとさえ説いた。デカルト派の哲学者たちによると、物質はそれ自体では行動せず、運動を生み出し、保存し、伝えるあらゆる力を欠いていて、そのために、エネルギーは宇宙を動かす神のなかにしか存在しないことになる。

神というまったく仮定的なものに頼るのは避け、またわれわれの不十分な考えから自分自身を救い出すために——われわれの考え方が不十分だというのは、概念のあらゆる道具を欠いているからだが（すべての真のつながりのあるわれわれの世界のなかで概念が欠如している）——哲学者たちはわれわれの内側にあるひとつの力を呼び出した。意志が求めるわれわれのさまざまな観念を支配できる意志の力である。しかしそのような関係はわれわれには欠けており、またわれわれは探求しているものに必ずしも到達できるわけではない。そこでわれわれはもっと確実でもっと直接的な力に頼ることになる。そのような力によってわれわれは自分の身体を支配する。われわれは自分の手足を動かすことができるからである。これが運動性である。しかし、経験がわれわれに教えるのは、一方（意図・始動）が他方（実行）に先行しているということだけで、両者の関係がどうなっているのかは明らかにならない。われわれがひとつの力を知るとき、その力が効果をどのように生むかをわれわれは知っている。また、意志は指や舌には影響を及ぼすが、「心臓や肝臓には効果がない。」（『人間本性論』「必然的関係の観念」）足または腕が麻痺しているひとが、どうしてそれを動かそうとするのか。

われわれはさまざまな現象を結び付けたと思っているが、実は習慣や単なる継起から生じた信念もしくは蓋然性を固定して満足しているのである。われわれは因果関係という考えを捨てなければならない。要するに、世界という舞台は、ひとつの必然性に従うものではなく、「それがある」ということだけをわれわれに示している。そうでなければわれわれは次に起こることを推測できることになるだろう。さらにヒュームは次のように書いている。「ある物を誰かに見せなさい。その物が見せられたひとにとってまったく新しいものであれば、そのひとはその物の感覚的性質をどれほど注意して検討してみても、その物の原因・結果を見出すことはできない。」（『人間本性論』）

# カント——哲学を救う者の失敗

私はひとりひとりの哲学者の仕事の分析に戻る。カントの哲学の検討で古典時代の哲学を終りにしたい。カントの哲学はきわめて重要である。それはそれまでの哲学の構築物に何かを付け加えたというわけではない。ただ、その全体を再び取り上げて、変形させたのである。カントのあと、またカントによって、哲学がそれ以前の哲学と似たところがありうるのかを考えよう。そこには明らかな違いがある。

カント以前には、二つの重要な思想が対立していた。独断論と関係論、合理論と経験論、デカルトとその支配的なコギト、ヒュームとその批判的分析の対立である。この袋小路からどのように脱出するか。カントはまさにその仕事に成功しようとしていた。ある意味でカントは哲学を救ったのであるが、彼は哲学の基盤に手を入れたのである。

この状況は別の仕方でも規定できる。厳密な判断はAイコールAの等式になる（それは疑えないが、しかし生産的ではない）。しかし、もし私がAイコールBを証明するならば、私はこの言表を新しくし、豊かにしたことになる。しかしそのばあい、私は最も基本的な論理を欠いている。というのはＢはＡではなく、さもなければやがてＡになるはずである。ＢがＡでないということと、ＢがＡになるということとを、どのように妥協させるのか。つまり、極度の必然性と新しいもの、アプリオリなもの（論理）と綜合的なもの（追加されるもの）とをどのように妥協させるのか。要するに、アプリオリな綜合判断は可能か。この問いは、デカルト哲学の本質とヒュームの哲学の本質とを同時に維持できるかという問いになる。

カントはその解決に至る。彼は次のような仕方でこの袋小路から脱出した。一方で私は、必然的なつながりによって、分散しているさまざまなものを統合する。私は、全体を条件付けるアプリオリな概念（私はそのような概念を導いてきたり、作ったり、生んだりすることができる）のひとつを使って綜合をする。新しいものは、外側から受け取るデータによる。

思考（概念）と直観（データ）は不可分である。直観のない思考が空虚で、思考のない直観が盲目であるのはそのためである。そこでカントは『プロレゴメナ』のなかで次のように書くことができた。「物の認識は、純粋悟性もしくは純粋理性のみによってなされるならば、幻想にすぎない。真実は経験のなかにのみ存在する。」強調しておくが、思考はそれが受け取るデータがなければ成立できないが、しかしそのデータは、あらかじめなされる思考の介入によって組み入れられる。カントはそこまでさかのぼる前に、空間と時間もまた、知覚による理解の条件になることを示した。われわれは空間と時間のなかに直観をゆだねるのだが、その空間と時間によって、アプリオリな綜合判断が可能になる。私は直線もしくは図形を自由に描く。空間がその構築を豊かにする。その構築は単なる経験からは解放されているからである。

要するに、アプリオリな綜合判断を説明するためには、世界そのものと自我という二つの対立する契機を結合しなくてはならない。カントはわれわれの外側にある物の存在を疑わない。ただカントはそうした物が認識されるのは、われわれの認識能力が物に与える「形式」を通してでなければならないと主張した。

カントはこのような解決に至るために非常な苦心をした。つまり彼は認識を捨ててその代わりに信仰に頼ったのである。空間・時間・悟性がなければ経験は不可能であるが、カントは空間・時間・悟性の牢獄から脱出できなかった。物自体、物そのものにカントは到達できなかった。

そのあとカントは形式的道徳の問題へ向かう。そして彼の誤りは、彼があらゆる規定の上の位置に自らを置いたために生じた（精神の義務は精神自体のなかにしか見出されないという規定である）。

革命的なカントの哲学は（合理論と経験論の対立という）袋小路から脱出はしたが、「出口なし」という状況に入り込み、道を見失った。

カントによって有名になった「先験的なもの」ということばに驚いてはならず、またそれを誤解してもいけない。このことばは、現象とその組織とを可能にするものを示している。定義によって、先験的なものは、現象とその組織よりも時間的にまた特に存在論的に先行する。空間と時間は先験的なものに依拠している。空間と時間は、すべての知覚の条件だからである。われわれのすべての直観、すべてのデータはこの先験的なものに従属しているのだが、アプリオリな綜合判断、厳密さと豊かさを結合しているこの判断が実現されうるのは、先験的なものによってである。実際、私は経験に何かを追加するが、それによって私は経験を経験だけしか考えない立場から救い出すのである。

カテゴリーの基礎は、それを作り出すわれわれの悟性のなかにある。ヒュームが間接的に示したことだが、われわれに「因果性」を与えるのは実在的なものではない。われわれが実在的なものから得るのは継起性、つまり偶然性にすぎない。しかしカントは、われわれの統合体系の表をあらかじめ（アプリオリに）作ろうとした（実質・原因・可能性・必然性など）。ひとつの例を示そう。判断を区別する四つの区分があり、そこからカテゴリーを導くことになる。最初に量に関する特徴を考えよう（残りの三つは、質・関係・様相である）。

私は普遍的なものから出発する（すべての人間）。次にそれと対立するもの（何人かの人間）、そして三番目の契機は前の二つを綜合する（ひとりのソクラテスはこのひともしくはあのひとであるが、判断はひとりの個人にかかわるものであっても、ソクラテスという人間のすべての関係においてなされる）。しかし、そのあとに対応する三つのカテゴリー（量に関係する）、単一性・複数性・全体性が来る。問題が残る。(自己発生した) それらのカテゴリーが実在に適用されるのを、誰が立証するのかという問題である。それらのカテゴリーの正しさをどのように立証するのか (先験的なものの先験的演繹)。たとえば、因果的なつながりは外側の世界にあてはまるのか。

しかし、カントにとっては、「我思う」がこの可能性の始まりである。実際、データは分散した状態で与えられるが、コギトはそれらのデータを統一する。つまり、コギトはわれわれの表象 (私のものである表象) に伴っている。「直観が与えるすべてのさまざまなものは、それらのさまざまなものが出会う同じ主体のなかで、我思うと必然的な関係にある。」(『純粋理性批判』) その次に判断が介入して綜合を完成させる。

その結果として、先験的もしくは非感覚的な対象 (神・自由) に向けられた同じ概念は力を失う。すでに述べたように、直観はカテゴリーを持たなくてはならない。『純粋理性批判』第二版の序文はそのことを強調している。「私たちのア・プリオリな認識能力のこの演繹からは、ひとつの奇怪な結果が、すなわち私たちは私たちのア・プリオリな認識能力をもってしては可能的経験の限界をけっして越え出てゆくことができないという結果が生ずる。……私たちのア・プリオリな理性認識は現象にかかわるだけであって、これに反して事象そのものは、なるほどそれ自身だけでは現実的なものではあるが、私たちによって認識されないものとして放置しておく。」〔原佑訳〕そこで、神が実体であるとかないとかいうのは、無意味な命題である。なぜなら、実体のカテゴリーは、直観の領域の外側では有効ではないからである。

我思考すということは、あらゆる私の表象に伴うことができるのでなければならない。なぜなら、さもなければ私の内では、全然思考されえないものまでも表象されることになるからであるが、これは、そうした表象が不可能であるか、それとも少なくとも私にとっては無いものであるかのいずれかと同じことにほかならない。すべての思考に先立って与えられていることのできるような表象は、直観と呼ばれる。それゆえ、直観のすべての多様なものは、この多様なものがそこで見いだされるのと同じ主観における我思考すということとの或る必然的連関をもっている。しかし、我思考すというこの表象は自発性の作用である。言いかえれば、この表象は感性に属するものとみなされることはできない。私はこの表象を、それを経験的統覚から区別するために、純粋統覚と名づける、あるいはまた根源的統覚と名づけるが、それは、この統覚は自己意識であって、そのような自己意識は、あらゆる他の諸表象に伴いえなければならない。（『純粋理性批判』「統覚の根源的・綜合的統一について」『カント全集』理想社、原佑訳）

カントが示した道徳論によって、私は彼の哲学の大胆な点、また彼の哲学を終らせた失敗について私の結論を述べることができる。カントにとって、道徳の基本は人間性（いたるところで求められる経験重視の立場）から帰結するものではない。むしろ人間性を超えることだけが重要である。カントは『人倫の形而上学の基礎』のなかで、実践理性の批判がなぜ道徳についての考察に先立たなかったかを説明している。思考の領域では、『純粋理性批判』は形而上学の前に置かれなくてはならなかった。道徳においては、理性は最高度の完全性と正確さに達している。それほど共通の意識は道徳性を正しく理解しているのである。

善意であることはひとつの義務である。しかし、もしも私が虚栄心や野心に従って、義務そのものには従わないならば、私は義務そのものにおいてではなく、義務をそこねないように行動することになる。私は本性（動機が心理的であるから、心理的本性である）の囚人のままである。道徳的行為は目標（他人を慰めるといった）から価値を得ることがない。また私が可哀相なひとを慰めようとしていて、しかもその手立てがないとき、そうしたいという意志だけで、その道徳的行為は純粋にかつ十分になされたという証拠になる。義務は、（その義務の外側にある）効果性と（虚栄心や見栄といった）動機とから免れている。そうでないと私は、いわゆる仮言的命法《かげんてきめいほう》に服従することになる。「他人の信頼を得たいならば、本当のことを言いなさい」というのが、仮言的命法の例である。ここでも、道徳は手段の役割を演じている。しかし、カントが道徳として扱うのは、彼が定言的命法と呼ぶものだけである。「目的を望む者は手段を望む」のであって、その時われわれは人格も義務も犠牲にしてしまう。自殺が不当なものとされるのはそのためである。つまり自殺者は、自分が恐れるもの、あるいは耐えがたいものから逃れるために、人間存在そのものを利用して死ぬのである。定言的命法に従わなくてはならないのは、それが法であり（この法が普遍的であって、そのことは法が何か特別の好みに由来するものでないことを立証している）、われわれの自律を保証しているからである。

このように絶対化された理論から、もはや私には支持できない結果が生ずる。「あるドイツの哲学者の見解によると、殺し屋たちがやって来て、お前は家に友だちをかくまっていはしないかと尋ねられた時に嘘をいえば罪になる」のである（『人間愛のために嘘をつく権利』）。いかなる人間にも、他人を傷つけて真実を語る権利がないのは明らかである。

自分の見解を維持するために、カントは細心の考察をする。ある召使いが、誰か来たら主人は留守だと言えと命令される。ところがそのために主人が犯罪を犯すことになるが、彼を逮捕しに来た警官は家に入れない。召使いでなければ誰に罪があるのか、とカントは問いかける。（『人倫の形而上学の基礎』）

カントが使わないような言い方をするならば、経験論の誤りは実在を細分化して、実在の規定を相互に無関係にしたことであり、形式主義の誤りは、それがあらゆる規定の上に自らを位置させたことである（形式主義はその真理をそれ自体のなかに見出す）。経験論でも形式主義でも、知性で理解するものと感覚で把握するものとの結びつき、理性と経験の結びつきが欠けている。

私のものとあなたのものが論点となっている重要な物ごとに関して、もしも私が本当ではないことを言ったとして、私はそのために生じうるすべての結果に責任を負うべきであろうか。たとえば主人が召使いに、居留守を使うように命じたとする。召使いは言われた通りにするが、そのため主人は家を脱け出してたいへんな犯罪を犯す。警官は主人をつかまえに来たが家に入れなかったのである。このばあい、誰に罪があるのか（倫理的原則に従うとして）。嘘をつくことによって、自分自身に対する義務を怠った召使いにも罪があるのは明白である。彼自身の良心が結果について彼を責めるだろう。（『人倫の形而上学の基礎』）

カントは第三批判である『判断力批判』で対立する二つの考えを結びつけようとした。あるいはむしろ、悟性と自由（道徳）、因果性と目的性を結びつけようとした。そしてこの『判断力批判』でカントは特に芸術作品と生きた人間を考察した。要するにそれらは、物の状態をはるかに超える「物」であった。

また、異なったタイプの判断が現われる。いわゆる反省的判断である。それは以前に分析された判断、一般的な概念の下に実在を従属させることを決定するものとしての判断とは明白に異なっている。反省作用によって、個別的なものはその豊かさのすべてとともにわれわれに与えられる。そしてわれわれはそこに、何とかして「一般的なもの」つまり観念を見出そうとする。われわれは具体的な多様なものから、その多様なものに価値を与え、それを確実に引き受けることのできるような原理へとさかのぼる。

カントの用語とスコラ的な方法を忘れよう。カントが美をどう考えていたかを検討し、崇高の問題（荒れた海のような、限りのない光景を前にしたときの感情）はここでは取り上げないでおこう。

美は、快楽が伴う快適なものとは異なる。快適なものは、個人にのみかかわるのであって、それはカナリー諸島のぶどう酒を好きなひとも嫌いなひともいるという意味においてである。そのぶどう酒のすみれ色がいいというひともいないというひともいる。そのことについて論争はしない。しかし、美のばあいは違ってくる。美の問題は、概念がないにもかかわらず、誰にでもかかわる（そうでないと、決定的判断に戻ることになる）。

カントは美を二つに分けた。自由美と、付随美である。後者では、教会・宮殿のような建築物の美は、かたちに目的（使用すること）を混合させ、そのために調和が隠されるおそれがある。ここでは、全体を見る想像力の自由が妨げられている。

「花は自由な自然美である。ある花がどのような物であるべきかは、植物学者以外にはほとんど誰も知らない。また花が植物の生殖器官であることを認識する植物学者ですら、趣味によって花について判断する場合には、こうした自然目的には少しの顧慮も払わない。」（『判断力批判』第一部第一章一六節）〔『カント全集』岩波書店、牧野英二訳〕

カントによれば、鳥、海の甲殻類、ギリシア風の線描、紙の葉形装飾などが美しいものである。過度の規則性、ぎこちなさは、特に人間の顔のばあいがそうだが、調和を壊すおそれがある。過度の無秩序・不均衡も同じである。

『判断力批判』は、美を感じ取り、美の可能性の条件を探った著作である。しかし、この『判断力批判』は、われわれの理解と、われわれの能力の働きを通して、美がわれわれの内部にしか存在しないと説くとき、われわれを失望させる。カントは芸術家と彼らのよく知られた作品について言及していない。美の本当の存在理由、美の本性はわれわれの内部に見出されるからだとカントは説く。

ある意図によってのみ可能なある物については、たとえば建築物や動物の場合ですら、左右対称を本質とする規則正しさは、目的の概念をともなう直観の統一を表現しなければならず、同時に認識に属している。しかし、表象諸力の自由な戯れ（それでもその際、悟性は妨害を蒙らないという条件のもとで）だけが保持されるべきであるとすれば、たとえば遊園地、室内装飾、さまざまな趣味豊かな調度などでは、束縛として現れる規則正しさはできる限り避けられる。したがって、庭園におけるイギリス趣味や、家具でのバロック趣味は、構想力の自由をむしろグロテスクに近づくほどまでに駆りたて、また規則のすべての束縛からこのように離れることのうちに、趣味が構想力の企てのうちで自分の最大の完全性を示しうるまさにそうした事例を与えるのである。」〔『判断力批判』「分析論第一章に対する一般的注解」〕〔『カント全集』岩波書店、牧野英二訳〕

# III

# 哲学の完成、そして新しい道——現代哲学

デカルト哲学が始まった時から、哲学は新たにひとつの変動を知ることになる。その変動はきわめて豊かなものであったから、それまでひとびとがただひとつで同質なものだと誤解していた理論を、根底から変えさせたのである。

カントの哲学は、体系化された哲学史が残した困難な問題を解決しようとした。それは、二つの学派の対立、つまり（デカルトとその著名な後継者たちの）合理論と、（ロックとその競争者たちの）経験論との対立関係である。『純粋理性批判』は、この深刻な矛盾と対決した。

しかしカントはその解決に失敗した。それは彼のすぐれた解決の概略を示すのにたいへんな苦労をしたという意味においてである。彼は知識（特に存在そのものについての知識）を捨てて、その代わりに信仰を重視しなくてはならなかった。カントは、到達できない「物自体」を想定しなくてはならなかった。それと関連して、カントは純粋に形式的な道徳のなかに閉じこもった。彼は主体（我もしくはコギト）を先験化しようとしたができず、主体のなかに囚われたままであった。

すでに言及したようなヘーゲルの用語を少し借りるならば、経験論の誤りは、具体的な全体を断片化し（そのため、ヘーゲルでは抽象化が勝利を収めるが、彼はその抽象化を相手に戦っていると考えていた）、その全体を規定するもののいくつかを取り出して、ほかの規定と無関係にしたことにあるのであって、われわれはそのことを知っている。しかし、カントの哲学は、実在の上方に位置することができ、また位置すべきであるとさえ考え、精神はそれ自体のなかに真理を発見できるとした。ヘーゲルはカントの道徳論について、「良き意識は、自己に確信を持ち、それ自体、その自己、その知識のなかに真理を保有する精神である」と書いている。(『精神現象学』)

ヘーゲルの哲学は、このような対立関係《アンチノミー》、この袋小路から脱出している。脱出というよりもむしろ、この改革の哲学者は、作り方が間違っているか、部分的か、偏っていると彼が考えるいままでの体系と戦うために、昨日立ち上がったのである。その結果、次々に哲学の修正がなされる。ヘーゲルは哲学を作り直し、補完し、「修理」する。彼はいままでの構築物を批判したり改良しようとはしない。それが彼のもうひとつの豊かな仕事である。彼は哲学の全体を考える。弁証法の力を借りて、ヘーゲルはそれまで分離されていたか、少なくとも区別されていたすべての体系を統合する。さらにヘーゲルは、主体と客体が相互に浸透し、合理的なものと現実的なものが相互に相手を生み出し、調和できるような自己運動によって、文化的なもの（自然・法律・芸術・宗教・人間学）を制限なしに考察する。ここには百科事典を対象とした百科事典があり、それが統合しているものに脱落はない。

というのは、ヘーゲルは体系の体系を作ったからであり、そのことによって彼は体系を終らせた。われわれの知っている哲学は、彼によって完成された。哲学がそのあとも続けられるためには、「ほかの道」を作り、新しい方向に向かわなくてはならない。

さらに進んで限界まで行くことにしよう。「哲学的な知」と呼ばれたものは消滅した。ヘーゲルは哲学的な知に対して哲学史を代置したが、そのなかに閉じこもってしまうおそれがあった。

さらに、私にとってはそれよりももっと不安なものがある。つまりその哲学史が異論を呼び、偏ったものになりはしないかという不安である。哲学史がこのような二つの傾向になるのは不安だが、哲学の再出発を始めたヘーゲルを取り上げる哲学史を考えてみよう（不確実で混乱した状態で表現されているこの哲学者について叙述すべきであろうか）。暗示・言及・比較によって研究したものを含むような知的な哲学史も批判されるべきである。この哲学のこの部分は別の部分と関連する、といったことを無限にくり返してもむだである。アルルカンの服を着せられて動かされている哲学体系には、こまかい記録がたくさんあって、読者は迷った状態でそこから脱け出すことになる。

確かに、ヘーゲルのメタ体系のいくつかの契機を批判する哲学者がいるであろう。しかし彼らは、ヘーゲル哲学の方法と構築を問題にはしない。彼らはその方法・構築が強固なものと考えている。そこでマルクスもヘーゲルに戻ることを考えた。それはマルクスがヘーゲルをそのまま受け入れているということである。

告白しなければならないが、私はヘーゲルが自らの特徴としたものを軽視して考えていた。ヘーゲルは自らの哲学を「絶対的観念論」であるとし、それが彼の計画を規定する。つまり、ほかの哲学、特に「観念論」のラベルを求めるほかの哲学とは異なり（観念論といわばあい、現実的なものの消滅が、少なくともほとんど非存在に近いものがその結果として生じてくる)、ヘーゲルの弁証法は現実的なものの統合に成功している。

ヘーゲルの弁証法は、現実的なものを内側になったものとして所有している。現実的なものを矮小化したり、無くしてしまったりはせず、それを保持している。客体的なものと主体的なもの、有限なものと無限なもの、神そのものと個体を分離することはできない。両者はヘーゲルの哲学の両極であり、両者を区別しない。そして、もしも「絶対的な観念論」という概念が、現実的なものはすべて合理的であるという考えを主張しているように見えるとすれば、私はその逆もまた正当だと考える。つまり、合理的なものは現実的である。したがって重要なのは、客体を再考したり消滅させることではなく、それを所有することである。そこで私は「絶対的な合理・現実論」という用語がヘーゲル哲学にふさわしいと考える。

ヘーゲル哲学は、先行する哲学とのあいだに隔たりを置き、私の分析でいう哲学史の第三の時代を開始させたという重要な役割を演じたが、その重要性は、哲学が迷い込んでしまった袋小路から哲学を救い出した結果である。実際、古代哲学は世界(コスモス)、その法則・組織を対象としたが、それは最も深い考察に必要とされる主体の知性をそこに従属させるためであった。他方、古代哲学の賢者は、自分に依存するものとそうでないものとを識別できた。政治哲学もまた「存在するもの」を正当化し、都市国家を強化した。しかし古典哲学は、古代哲学とは反対に、主体(コペルニクス的転回というときの中心)をきわめて重視したので、宇宙がわれわれの表象するものになったか、そうなる傾向があった。このような形而上学の周辺において個人が重視され、その結果として、自由経済（個人主義）が初めて擁護され、民主主義の原理が開花したのである。

哲学思想の二つの流れが重要になったが、両者は対立もすることになった。ヘーゲルは両者を結合させ、また超越した。彼は両者を、運動のなかにあり、自己確認をする主体・客体の関係を通して調和させる。彼は、最初からこの目標に向かう哲学を完成させた。

こういう状況のなかで、私はヘーゲルのメタ哲学について少しばかり考え、特にそのあとに来る可能性があるものを明らかにしたい。それは、それまで支配的だった哲学とはまったく異なる哲学である。神も宇宙全体も包んでいた構築物と果敢な形而上学の時代（思想の大聖堂の時代）は終った。

古代哲学と古典哲学のあと、現代哲学の世界に入って行こう。これから述べるように、それはそれまで知られていなかった問題とテーゼを抱えた哲学である。

## ヘーゲル――精神のオデュッセイアをわれらに

ヘーゲルの『精神現象学』によって、われわれは古典哲学を捉えていたコギトの領域（主観性）から（ついに）離脱する。精神の歴史、意識の進化、つまり精神のオデュッセイアがわれわれに提示される。実際、精神はけっして休むことなく、つねに前進運動によって動いており、絶対知という究極の綜合へと向かう。精神の活動は、それまでの形而上学の実質的な側面を移動させ、廃棄さえする。明白なことだが、『精神現象学』にはいくつかの前進の契機があり、それらの契機には分裂（矛盾）が含まれていて、対立するもの相互の和解が求められる。

私はそうした悲劇＝危機の二つの基本的な例を挙げるが、それは『精神現象学』における否定的なものを示している。

第一の例の出発点は単なる感覚的なものと名付けられる。つまり、「このもの、ここ、いま」であって、それらにはいかなる一貫性もない。というのは、直接性は抵抗しないからである。たとえば、もしも私が一本の樹木を見ているとして、少しでも眼を動かせば、私は一軒の家を見ることになるだろう。「このもの」は消滅する。そのばあい私は「いま」も除去し、したがってそれを超える。私はその「いま」を過去として示す。それほど「いま」は急速に消え去り、もうひとつの「いま」が現われる。しかしそれも前の「いま」を消して、自らも消え去る。その結果、われわれは「もの性」へと向かう。それは多くの性質を持つ、もっと安定した全体である（たとえば塩は白く、辛く、立方体で、重さがあるなど）。それらの性質は、分離されなくても、相互に影響することはない。白という色は立方体というかたちとは無関係である。しかしそうした性質のすべてがいっしょになって統合される。ここに弁証法的な契機がある。というのは、否定性を通して、「このもの」は統合され、自らを存在させるからである。個体性は、多様なもの（客観的共同性）のなかに根付くことができた。

さらにそこで反省がなされる。というのは、われわれが物の性質と考えているものは、知覚のなかで、知覚によってしか認識されないからである（白は眼によって、立方体は触覚によってなど）。互いに異質なこれらの性質の規定のうちの「ひとつ」を認める行為は、「別の性質」の安定性と継続を保証する意識に属している。このあと、意識は悟性にまで高まり、法に到達する。法は知性の最初のかたちのひとつである。

特によく知られている第二の例は、「美しい魂」に対する批判によって私に与えられたものである。この批判はそれ自体に戻ることによって試みられている。すでに述べたように、純粋な義務は空虚であるとしたカントの道徳は、美しい魂の典型である。そこでは、主体は意図だけにかかわり、効果を無視する。ヘーゲルは、純粋な自己意識を非難する。それはこの意識を傷つける客観性に対立するものである。われわれが知っているように、精神の展開は、主体によって、また主体のなかでその展開がなされるように、外在性によって始められる。しかし、精神と外在性とは分離できない。自らの内面に閉じこもり、自らを表現しようとしない自己意識は、それ自体の概念のなかに墜落する。

したがって『精神現象学』は、われわれに決定的な契機を与えてくれる。それは統合的な否定性の論理によって支えられている契機であり、この契機によって精神は自らの分裂を克服し、主体と客体の統一を可能にし、さらに両者相互を豊かにする。

自己は自分の内面の栄光が行為と生活によって汚されるまいかと不安をいだいて生きている。心の純粋さを保持するために、自己は現実との接触を避け、抽象の極に追いこまれた自己を断念して、外界の秩序をとりいれたり、思考を存在へと転化して、絶対の区別を受けいれたり、といったことはとてもできないとかたくなに思いこんでいる。だから、自己のうみだすうつろな対象は、空虚な意識でもって自己を満たすばかりである。自己の行為は、自分の心のままに頼りない対象におのれをゆだねるだけのあこがれであって、そこから身を引き離して自分に還ってきても、見いだされるのは自分でしかないのだ。――自分の内面においてこのように透明な純粋さを保って生きるのが、不幸な「美しい魂」なのだが、その内面の光はしだいに弱まり、いつしか大気に溶けこむ形なき靄《もや》さながらに消えていくのである。（『精神現象学』作品社、長谷川宏訳）

ヘーゲルの哲学では、機能しつつある概念は、もはや外側のものに対立して成立するものではない。この概念に生気を与える運動は、実在と分離してはいないし、考える主体の活動の思考とも分離していない。

そのため、ヘーゲルでは、啓蒙の哲学は排除される。啓蒙の哲学は、勝利した悟性の哲学であるが、解釈できないアンチノミーのなかにただちに陥ったものであり、対立するものに囚えられた哲学である。そのことを示す最もよい例は、カントの道徳論によって与えられる。カントの道徳論では、義務を持つ存在は、存在から分離しているし、義務を実現しようとする意志からも分離している。しかし、重要なのは、生きている全体（共同性、一種の客観的動特性）に入り込もうと努力することである。要するに、抽象化と分離が最も非難されているのである。

これまでの歩みとは逆に、反省もしくは自己発達は否定に依拠している。われわれは、否定される即自から出発するが、しかしこの否定は、再所有が確実になるために、逆にまた否定される。再所有とは、上位の真理を把握すること（自己理解）である。ここで作用しているのは、否定ではなく、否定の否定である。この否定の否定によって、以前に否定されたものを統合し、特にそれを超えることが可能になる。否定だけだと、最悪の状態、排除、分裂をもたらし、特に永続きする動きの欠如に至る。したがって、矛盾をなくすことが求められる。

「主体・客体」の切断、弁証法が認め、超越し、吸収することになるこの切断は、あらゆる領域に存在する。

このように、ヘーゲルの歴史概念のなかに、個体と集団の対立を認めるひとたちがいた。そうするとただちに困難な問題が生じた。この極度に対立する両者をどのように調和させるかという問題である。ヘーゲルは普遍的なもの（社会的なもの）を重視しなければならなかった。しかし、もしも歴史がすでにたどられ、それ自体で進んでいるとすれば、個人の介入はこの運動から排除されていはしないか。

ヘーゲルの哲学はそのメタシステムの全体を通して実在と意識（あるいは、世界の運命と自由）を結びつけているので、個体的なものが重視されないのは当然である。しかし個体的なものの場所を主体に与えてはならない。

ヘーゲルはその作業に成功した。第一にそれは、ヘーゲルに刺激を与えることのできる「世界精神」とはまさに反対ではなかったか。「理性の奸計《かんけい》」は、われわれが利益・情念といった理性に反するものに頼るべきだとする。偉大な人間は、たとえ自分の個人的な欲望を満たし続けるとしても、自分がそのなかに入っていく歴史の悲劇と一体化する。予測できないものの変化と連続、偶然のできごとに満ちた劇としての歴史という考え方は捨てよう。「偉大なことは情熱がなければできない」という、原動力となる原則を忘れないようにしよう。結局ヘーゲルは、どのようにして個別的なものが無意識的に、しかし確実に、普遍的なものに役立つかを示している。

情熱の特別な利害は、普遍的なものの能動的な肯定と不可分である。というのは、普遍的なものは、個別的なもの、限定されたもの、両者の否定から生ずるからである。個別的なもの自体の利害は歴史のなかにある。それは有限な存在であり、その限りにおいて、死滅しなければならない。個別的なものは戦いのなかで消尽し、その一部が破壊される。普遍的なものは、この戦いと個別的なものの消滅の結果である。普遍的なものは、この戦い、消滅からいかなる損害も受けない。

戦いや危機において矛盾にさらされるのは観念ではない。観念はあらゆる攻撃、あらゆる損害の及ばない後方にいて、戦いには情熱を送って消耗させる。観念が自らの代わりに情熱を送ることを理性の奸計と呼ぶことができる。その結果、観念が喪失を経験し、損害を受けるのは、その手段だけである。というのは、部分的になくなり、部分的に積極的になるのは、現象的な外見にすぎないからである。個別的なものは、普遍的なものの前ではあまりにも小さい。そこでは、個体は犠牲にされ、捨てられる。（「歴史の理性」）

ヘーゲルの芸術論がわかると、彼の哲学がさらによく理解できる。カントにとって、美とは「普遍的に、そして概念なしにわれわれの気に入るもの」であったが、ヘーゲルはこのようなカントの理論からは遠いのであって、それは驚くべきことではない。美についてカントは趣味の判断の段階に留まっていた。美は判断を介して理解される。換言すると、カントは主観的なものだけを重視した。彼は、精神的なものと感覚的なものとの協力を客観的に考察することはなかった。

ヘーゲルにとって、芸術は内側と外側との協調、そして時には両者のあいだの緊張さえも実現する。しかしながら、肖像画家は余分なもの、他人にかかわるもの、本人と無関係なものはすべて排除しなければならない。つまり、「そのひとの姿・表情、かたち、色、顔の特徴、有限な生涯のあらゆる自然的な側面（毛、毛穴、傷痕、皮膚のしみなど）」は排除して、「本人の一般的な特徴と、永遠に変わらない精神的特性」だけを描かなければならない。「実際、肖像画の理想は、外側のかたちが魂の表現になることである。」（『美学講義』の「美の観念」）このような条件のもとで、外に現われたものが内側のものを明らかにすることが可能となり、精神を現前させる。その結果われわれは、精神的なものと物質的なものとの調和を楽しむことができる。

そうすると、観念の現実化のさまざまな様相を考えることができる。構造を知ることによって、われわれはその構造の弁証法的な変化形を考えることができる。ヘーゲルは基本的な三つの契機を区別する。象徴芸術・古典芸術・ロマン派芸術である。象徴芸術においては、外側がその重みと異質性とで重要な役割を演じている。たとえば、エジプトのスフィンクスは、ライオンの胴体と人間の頭とでできているが、そういうかたちにすることによって動物のかたちから離脱させようという努力を示している。古典芸術の特徴は、調和のある均衡、観念とその表象の統一である。ロマン派芸術は、可能な限りわれわれを物質性から離脱させようとする。

だからといって、芸術の発達を年代順に従わせてはならない。精神的なものと感覚的なものの関係がつねに三つの契機を規定するわけではなく、年代とは逆になるばあいもある。また、新しい段階は先行する段階を消してしまうわけではない。象徴芸術が古典芸術のあとに登場することもありうるが、弁証法は象徴芸術が最初の芸術だと考えるのである。単純な時代順の整理はやめるべきである。過去はけっして超越されないからである。

そこから「芸術の死」という結論になるのであろうか。私はそれを考えることができる。というのは、精神は物質性の残りものとそれに付加されたものとから解放され、表象もしくは感覚的なものの牢獄から脱出することによって、栄光ある絶対に到達するのであるから、そのことによって精神は利益を得ることになるからである。

私はヘーゲルを捨てるのだ！　私はすでに自らを絶対化する観念論に対する疑念を述べておいた。ヘーゲルの観念論では、精神はどうしても自らを現わさなくてはならない。そのばあい、感覚的なものと象徴とを避けずに統合しなくてはならない。どう考えても、ある芸術が発展してきたことは事実である。しかし、「白い背景に描かれた白い四角形」が、消滅を免れた芸術だということにはならないだろうか。

象徴芸術は内的な意味作用と外的なかたちとの統合を実現しようとする。古典芸術は、われわれの感性に訴えることによって、実質的な個体性の表象のなかにこの統合の実現を見出した。本質的に精神的であるロマン派芸術は、古典芸術を超越した。（『美学講義』Ⅱ）

## マルクス――唯物論と観念論はひとつになるほかはない

マルクスの分析と批判の対象が、ヘーゲルの国家哲学であるといっても、読者は驚かないだろう。マルクスのこの思想は、『ヘーゲル法哲学批判序説』(一八四三―一八四四)で示されている。そこでマルクスは、ヘーゲルのテクストを節ごとに(二六一節から三一三節まで)解読している。

ヘーゲルのテクストの最初の部分(二六一節)がすでにわれわれの注意をひく。ヘーゲルによると、国家は市民社会の上に重なっていて、いわば外側からそれを管理している(すでに市民社会を包んでいる)。しかし国家は市民社会に活気を与えるべきであり、市民社会と分離してはならない。マルクスはこのような分離に反対しているという意味では、ヘーゲル以上にヘーゲル的である。というのはマルクスのこの考えを認めるならば、個人は二重になった全体に加わることになるからである。つまり個人は国家の市民であると同時に、市民社会の一員としても規定されるだろう。しかし、市民社会の一員であることによって、個人は国家の外側にある私的な人間ということになるだろう。

マルクスの分析は、特に王制と世襲君主についてのヘーゲルの考え方に反対する。王制と世襲君主以外は統治権という考え方からも、国家意識という思想からも排除される。このようないつわりの機能、人格化された理性の内容は、「朕は国家なり」にほかならない。ヘーゲル哲学のすべてが主体性と個人性とを排除しようとしているにもかかわらず、ここでは突然に両者を高く評価しているのである。

マルクスによるさらなるヘーゲル批判は、ヘーゲルの精神に向けられる。ヘーゲルの考えによると、ひとつの民族がある王制とそれに属する組織に自らを委ねると、その民族はかたちのない大衆に変化する。そうして、統一的で生気のあるテーマからしだいに遠ざかることになる。マルクスによると、ヘーゲルはひとつの身体において、頭が鉄で器官が肉ということはありえないのを知るべきであった。四肢や諸器官が維持され機能するためには、それらのすべてがひとつの性質を持っていなければならない。ところが政治組織においては、王制はこれとはまったく異なった本質を持つように思われる。ほかのものが流動的であるのに、王制は不変であることを享受している。われわれは「美しい全体性」はともかく、統一性を捨てなくてはならない。

マルクスはただちにこの問題に取りかかる。主体性は重要なテーマであるが、定義からそれはわれわれを専制へと導く。君主は犯罪人に恩赦を与え、大臣を任命するが、自分ひとりで作った憲法を侵し、責任を取らない。

マルクスは、ヘーゲルが選挙と代議制もなかば否定しているのを知ってショックを受けた。同じようにマルクスは、ヘーゲルがフランス革命以前の同業組合と官僚制を重視していることにも批判的であった。

マルクスは専制政治に絶対に反対であった。マルクスは、民衆が国家であるとした。国家が抽象的であるのに対して、民衆は本当に具体的である。民衆に主権を与えることによって、マルクスはヘーゲルの思想を打ち倒し始める。ヘーゲルは政治の生に不均衡なものを導入したからである。人間が法律によって存在するのではなく、法律が人間によって存在するのである。

ヘーゲルは、こうした矛盾を克服したと考えた。しかし結局のところヘーゲルは道を間違えて最悪のもの（部分が全体を規定するという考え）に同意してしまう。マルクスは、普遍と個体の統一に本当に成功する。

民主主義は王制の真理であるが、王制は民主主義の真理ではない。王制は、それ自体の裏側での矛盾として、必然的に民主主義である。王制の要素は、民主主義のなかのひとつの矛盾ではない。王制はそれ自体では理解されないが、民主主義はそれ自体で理解される。民主主義においては、その要素のいずれも、民主主義に戻ってくるもの以外に意味はない。それぞれの要素はまさに民衆全体の要素にほかならない。王制においては、ひとつの部分が全体の特徴を決定する。憲法全体が、ひとつの確定した点に従って修正されなくてはならない。民主主義は憲法のひとつの類である。王制はひとつの種であるが、それは悪い種である。民主主義は根底であり形式である。王制は形式にほかならないが、根底を変えさせる。

王制においては、全体・民衆は政治的憲法という存在の仕方のひとつのなかにある。民主主義においては、憲法そのものが単に独自の規定として、民衆自身による規定として現われる。王制においては憲法の民衆があるが、民主主義においては民衆の憲法がある。（『ヘーゲル法哲学批判序説』）

つまり、ヘーゲルが市民社会を政治的憲法（国家のことである）の下に従属させたのに対して、マルクスは、彼のいう「逆立ちして」歩くこの哲学を転倒させた。

マルクスは単なる観念だけの牢獄から脱出する。つまり、存在（個人）を規定するものが意識なのではなく、社会的な存在が意識を規定する。要するに、ヘーゲルは対立する二つの運動の弁証法的綜合に本当に成功したのではなく、その仕事には真のヘーゲリアンであるマルクスが専念したのである。

そこから、最初は職人が作り、やがて産業が生産する商品についての、マルクスの驚くべき分析が生まれる。「最初、商品はとるに足らない、それ自体で理解されるものとして現われる。しかしわれわれの分析ではそれと逆で、商品はきわめて複雑であり、形而上学的な微妙さと神学的なへりくつに満ちている。」(『資本論』一―六)。この実利的な物は、それを作った人の創意工夫を含んでいるだけではなく、特に流通するばあいには、「社会的関係」と分離させることができない。

唯物論者は、化学物質がきまった割合で化合するのと同じように、物それ自体も一定の割合で交換されると考えていた。マルクスはこの解釈を斥ける。というのは、商品のにせの特性は社会的なものからのみ生ずるのであり、生産様式、つまり商品の存在を可能にする労働を隠しているからである。

運動する弁証法は、市場の領域を超える。マルクスは、交換される物の価格も労働者の給料も労働に見合ってはいないことを立証した。労働者が受け取る給料は彼が生活し、その活動を維持するのに足りるだけである。「市場において直接に資本家に対してなされているのは労働ではなく労働者である。労働者が売るのは彼自身、彼の労働力である。……彼の労働が存在する限り、この労働は彼のものではなくなっている。」自然主義の経済学者は、商品の価格は供給と需要の関係の結果としての給料だと考えるが、マルクスの思想はこのような経済学者をもう一度批判するよい機会である。

このような条件のなかで、企業家は重要な「余剰価値」を実現する。彼は豊かになり、その結果として資本の蓄積、生産のための機械中心主義、しだいに搾取されるプロレタリアートの悲惨が生ずるのであり、彼らの悲惨は女性と子どもを労働させることが立証している。かつて、奴隷は確かに主人の主人になった。なぜなら、主人は自らの無能のために、自分の優越性の意識（純粋な主観性）のなかに閉じこもったからである。これに対して、自らのイニシアティヴと物質性との結合をあてにできる労働者が優位に立つ。同じように、変革の主人であるプロレタリアートは、ブルジョワジーの社会的構築物を破壊する。すでに階級闘争が、人間の回復と疎外（否定の否定）の終りを示している。実際、「大企業が発達するに従って、ブルジョワジーがその生産と生産物の所有の基盤としたものが足下で崩れ落ちる。彼らがまず第一に作るのは、自分たち自身の墓掘人夫である。」（『共産党宣言』）

天から地へと落ちてくるドイツ哲学とは反対に、われわれは地から天へと昇る。換言すると、実在する人間に到達するためには、われわれは人間が語り、想像し、表象することからも、語られ、想像され、表象されなければ出発しない。われわれは実際に活動する人間から出発する。そして、この生きたプロセスのイデオロギー的反映とイデオロギー的反響の発達を表わすのは、人間の現実的な生きたプロセスによってである。人間の頭脳のあいまいな形式は、人間の物質的な生きたプロセスの必然的な昇華であり、この形式は経験的に立証でき、物質的な前提と結び付いている。道徳・宗教・形而上学、そしてその他のイデオロギー、そして意識に対応するさまざまなかたちのものは、もはや長いあいだは独立の様相を保つことがない。それらには歴史も発展もない。しかし、物質的な生産と物質的な交流を発展させる人間は、自分たちのものであるこの現実を変え、思考のあり方と思考のあり方の生産物を変えていく。

誤解されるおそれがあるかもしれないが、私はマルクス主義が「史的唯物論」であるとは考えない。この定義はプレハーノフによるものであるが、マルクス主義をおとしめるのに役立っている。

史的ということばも、唯物論ということばもマルクス主義にはあてはまらないと私は考える。

A.ここでの唯物論は伝統的な意味での唯物論、つまり原子論や機械論での唯物論ではない。唯物論的な視点は、ブルジョア社会によくあてはまるだろう。観念論そのものも唯物論に近付き、両者が混合するという明らかなパラドックスが生ずる。実際、唯物論は資本主義の権力と行動を最もよく確定するし、「あのこと」、法律に従っているあの不動な、科学的なものを称賛する。

B.「史的」ということばもまた人をあざむく。私はこのことばの代わりに「弁証法」を使いたい。それは歴史のなかで展開するが、歴史と一体化はしない弁証法である。

「フォイエルバッハについてのテーゼ」は一八四五年に書かれたが、刊行されたのは一八八八年であった。この論文のなかでマルクスは、宗教的疎外の分析を考察していたフォイエルバッハが、その唯物論にもかかわらず、観念論が社会生活の物質的（唯物的）基盤に基づくことを理解していなかったと批判している。

フォイエルバッハは、現実の活動の重要性を認識せず、人間を受動的な存在であるとし、孤立したものと考えた。そしてマルクスは『ドイツイデオロギー』で、ドイツの思想に対する批判をなしとげる。そこではマルクスは、シュティルナーの個人主義、バウアーの批判的立場のいずれをも非難する。彼らの抽象的な分析は、世界を問題として考えることをしないで、世界の維持に限られている。彼らは自分たちの仕事が批判的な発言（いわゆる批判的な仕事、「批判の批判」といわれる批判）だと想像しているが、実は資本主義の利益を守るだけで満足している。彼らにおいては、知的な活動と現実の活動が分離している。

これに対してマルクスは、上部構造をゆるがす経済の基盤もしくは生産様式を考察する。「社会の物質的生産力は、現実にある生産関係、もしくはその生産関係を表現する法律と矛盾するし、生産関係がそのなかで動いてきた所有関係とも矛盾する。」その結果として、私有財産は廃止されるにいたる。

しかしマルクスは高低を逆にする単純な倒置を求めるのではない。そういう倒置を求めるのはマルクスを唯物論者にすることである。哲学者マルクスは、理論と実践の二つの極の相互性・循環性をたえず主張した。そこでただちに「物質的対象」という考えが否定される。それは純粋な抽象だからである。すでに人間が物を生産するこの生産において、人間は特に自分自身を生産するのである。そしてわれわれは、経済の基盤を、社会関係の全体から切り離すことはできない。自らの哲学のなかに新しいものを認め、ヘーゲルの弁証法の再現さえも認めたマルクスの思想を肯定すべきである。

直観も対象も重要ではない。現実の現実は実践のなかにあるからである。唯物論と観念論はひとつになるほかはない。両者とも不動のもの、分割されたもののなかにあり、現実の活動を知らないからである。哲学者はこのことを忘れてはならない。

今日までのあらゆる唯物論（フォイエルバッハも含む）の主な欠点は、外側の対象、現実、感覚的なものが、感覚的な人間の活動、実践として、主観的な立場から把握されず、対象もしくは直観という形式のもとでのみ把握されていることである。唯物論とは反対に、能動的な側面が観念論によって抽象的に展開されてきたのはこのためである。観念論は、現実的・感覚的なものをそのものとして認識しなかったのである。（「フォイエルバッハについてのテーゼ」）

注意深い読者はここで二重に驚くだろう。私はヘーゲルの前とあとで、哲学理論に転回があると告げておいた。哲学理論は、その外見、特に内容を変化させる。哲学は古典時代に盛んだった理論とは異なるものであり、異なるものでなければならない。**それまでの哲学を補完したり作り直したりするのではなく、根底から新しくするのだ。**

マルクスのばあい、彼は古いやり方に従っているように見える。彼は自分が不安定だと判断した体系の手直しだけをしようとする。彼はヘーゲル哲学を延長し、伝統のなかに留まっている。マルクスはそのことを自分で知っていた。『資本論』第二版の序文でマルクスは次のように書いている。「私が『資本論』第一巻を書き直しつつあったとき、教養のあるドイツで今日わがもの顔にふるまっている、いやらしく、もったいぶっていて平凡な亜流たちが、レッシングの時代にあの勇敢なモーゼス・メンデルスゾーンがスピノザを扱ったように、つまり『死んだ犬』として、ヘーゲルを扱っていた。そこで私ははっきりと、自分があの偉大な思想家の弟子であることを宣言した。」

その結果、私が作った概念の見取図、私の行なった区別は有効でなくなる。というのは、私はヘーゲル哲学に続く現代哲学を古典哲学に対立させることができると考えたのだが、マルクスにおいて出会ったのが、再び始めることであり、古代の方法論を再び用いることであり、体系の作り直しであったからである。

いままでの意見と違うではないかという反論にはあとで答えることにしたい。私は、明確に三つの時代に切断される私の「哲学史」を主張できると考える。古代・古典・現代という三つの時代である。古典と現代をはっきり分けるものがあるのは明らかである。ヘーゲルとマルクスが区分をしているのである。

ヘーゲルという頂上は、マルクスによって強調され、また再び取り上げられたのだが、そのあとわれわれは新しい時代に入る。現代哲学は、ヘーゲルやマルクスのような壮大な構築はあきらめなくてはならない。彼らの哲学は体系の体系であり、彼らのあと体系は終った。哲学は小さくなり、一定の領域に閉じこもる。一般的に、この領域の内側で、現代の哲学はあまりにも還元的な概念、特に、拡まっている「科学主義」を破壊しようとする。現代哲学は、科学主義のような偏向から知の方向を変えようとする。さらに――こうした作業の結果であるが――現代哲学は未来を築くために道徳のパースペクティヴを切り開いている。

このような現代哲学をひとつひとつ検討することによって、私は以前の立場をもはや主張できなくなった。かつては、哲学者はそれ以前の思想、したがって自分たちとは異なる思想を作り直し、補完することだけを考えていた。ひとりの哲学者を考察すると、すぐに別の哲学者を考察することになった。ところが現代の哲学は、方法も領域もかなり違っているので、実際には互いに依存することがない。

それではどのようにして現代哲学を分類するのか。またなぜひとつの哲学をほかの哲学よりも優先するのか。私は二つの基準を使おうと思う。第一の基準は年代順であって、時代的に古いものが新しいものより先に来る。しかし私は二つの例外を設けたい。一方でマルクスは、先行するものを作り直し補完するという古い方法を用いる限りにおいて、ヘーゲルのあとをたどらなければならない。マルクスは、準備されていたもの、動きつつあったものを完成する。マルクスによれば、ヘーゲルはさか立ちして進んでいたのであり、それをひっくり返さなくてはならない。

他方、第二の例外であるが、私はニーチェに議論の余地のない場所（脱構築）を確保させることはできない。それで私はニーチェをマルクスのあとに置く。この位置付けが自分の思うままであることを認めた上でのことである。

私の判断基準に従って、マルクス、ニーチェのあとに置かれる五人の哲学者は次の通りである。コント（一七九八―一八五七）、ベルクソン（一八五九―一九四一）、バシュラール（一八八四―一九六二）、ハイデガー（一八八九―一九七六）、サルトル（一九〇五―一九八〇）。

二番目の私の判断基準によって最初のものに修正ができる。ここに挙げた哲学者たちは相互に独立してはいるが（彼らを全部集めると、行列というよりも束になる）、先行する哲学者と何らかのつながりがある。たとえば、コントはマルクスを無視せず、ベルクソンは『道徳と宗教の二源泉』でコントとその社会学に言及している。バシュラールはベルクソンの哲学に対しては距離を置いている（特に『持続の弁証法』において）。サルトルは、『存在と無』のなかで、想像力についてのバシュラールの理論を称讃している。サルトルはハイデガーにも言及する。したがって、私の叙述は筋が通っているとは思うが、このような系列化が不幸な結果になることも避けられないだろう。

おそらくひとつの疑問が示されよう。マルクスとハイデガーをどのようにして合体させるのか（現代哲学の集団として）という疑問である。それは火と水ではないのか。マルクスとハイデガーほど対立する哲学はなく、一方の存在は他方を排除する。

しかし、未来を提案し現在を否認するならば、両者を接近させることができるのであり、それは両者にとって共通のテーマである。マルクスは資本主義の終結によって必然的に解放される未来を考えていた。ハイデガーは、小径、大地、森のある、ねじ曲げることのできないヨーロッパの基層の存在を主張した。どのように考えても、現代の哲学は相互に分離してはいない。ひとつの哲学の存在が、ほかの哲学の存在を押さえつけることはない。われわれはそれらの哲学の違いを重ね合わせなくてはならない。そしてまさにわれわれは、すべての哲学のなかで最も分類ができないニーチェに到達した。

## ニーチェ――恐るべき破壊

ニーチェはそれまでの哲学体系を否定しただけではなく、伝統的な哲学の方法とは異なる方法を用いるにいたった。それは彼が系譜学を展開したということである。そしてわれわれが戻し配分してきたあらゆるものを無くしてしまった。

彼の哲学は恐るべき破壊に専念している。そのため、私は彼の哲学を私のパノラマのどこに位置付けるべきかがわからない。本書とは別の場所で論じなくてはならない哲学者なのだ。

『道徳の系譜』は、ニーチェの新しい方法に入っていくことを可能にする。ニーチェは、われわれの価値の起源を暴力のなかに設定する。もはや、そうした価値の一覧表の前で立ち止まって、その絶対性を認める必要はなく、そうした絶対性を生み出した、しばしば無意識的な動機を明らかにしなければならない。人間はどのようにしてそのような価値判断を作り、善と悪を作ることができたのか。

最初は、主人・強者・力ある者があらゆる前線で重きをなしていた。彼らは、大衆・庶民にかかわることに対して、自分たちの行動が良いものであり、最高のものだと明確に判断していた。しかし、少なくとも聖職者の階級にあるユダヤ人が、革命を始め、奴隷を保護した。キリスト教の聖職者もそれに劣らぬ熱意でその仕事に加わり、そこには生命への嫌悪さえ存在した。階級制度（貴族）が倒されたのは火によってではなく、ニヒリズムという態度が求められたからである。ニヒリズムとは、あきらめ・罪障意識・屈辱であった。悲惨な人びと、貧しい人びと、身体障害者が重要な役割を演じた。昨日の強者は消え去った。弱者の力が、強者の弱さに打ち勝った。

きわめて印象的なある分析のなかで、ニーチェはいわゆる善意なるものが革命的な復讐の武器として理解されなくてはならないと述べている。この考えを文字通りに受け取ってはならない。それはいままで自分たちの活力と、したがって優越性を宣伝してきた者たちの抹殺を許容することになるからである。

『ツァラトゥストラはこう語った』では、批判がさらに拡大する。それは、国家とその組織を讃える社会道徳を非難する。「冷酷な怪物たちのなかで最も冷酷な者が傲慢に嘘をつく。彼の口から洩れる嘘は、〈自我・国家、私は人民〉というものだ。」ツァラトゥストラにとって、国家は服従を求めるものであり、無用な者を裕福にするだけである。

これと同じきびしい見方で、ニーチェは堕落したキリスト教と戦う。道徳の根源は神にあるのではない（「天の声」）。手助けをし、（ほどこし物、同胞愛によって）愛する相手は隣人ではなく、われわれのおのおのの内部で発言している超人である。悪に対して善を返す（片方の頰を殴られたら反対の頰を出す）必要はない。それは結局われわれを服従させた敵を侮辱することになるからである。

価値を創り出そう。特に、生の否定から生じた価値を転倒させよう。

「善」の概念を規定するのが支配者であるとき、階層を決定する区別の特徴とされるのは、昂揚し、傲慢な魂の状態である。貴族は、このような昂揚し、傲慢な魂の状態とは反対のものを表現している者たちと自分たちとは区別されているとする。このような第一の種類の道徳においては、「善」と「悪」の対立は「高貴」と「軽蔑されるべきもの」の対立と同じ意味を持っていることに注意しよう。「善」と「悪」の対立には別の起源がある。卑劣な者、臆病な者、狭量な者、しみったれた利益を考えている者は軽蔑される。また、卑屈な眼付きをした警戒心のある者、屈従的な者、犬と似た者、虐待を甘受する者、物乞いをするおべっか使い、そして特に嘘をつく者が軽蔑される。一般民衆は嘘つきだというのが、すべての貴族の基本的な考えである。「われわれは真実を語る者だ。」——古代ギリシアの貴族たちはこのように自分たちのことを呼んだ。（『善悪の彼岸』第九章）

哲学はニーチェのこのような急流にさからうことはできない。私はその急流のほとばしりのいくつかの例を挙げたい。しかしそのばあい、ニーチェの哲学が「哲学」のなかに簡単に収まるものではないこともいっておきたい。彼の哲学はすべてを問題にしたからである。

ニーチェは「背後の世界」にかかわるものを非難した。大地に忠実であること、プラトニズムによるものにせよ、キリスト教によるものにせよ、とにかく幻想に自らを失わないことが重要である。

同じ理由によって、ニーチェは精神と身体の二元論を拒否する。「身体を軽蔑する者はわれわれを生から遠ざける。私はすべて身体であり、それ以外の者ではない。魂は身体の一部分を示すことばにすぎない。」(『ツァラトゥストラはこう語った』)

その結果ニーチェは、いわゆる思考（特にデカルトの「我思う」が批判される）という考え方を認めることができない。思考という考えを認めさせるためには、行為者と行為という二元的な図式を働かせることになるが、両者は分裂している。しかし、行為はひとつの全体である。「思考は望むときに存在せず、また私が望んでも存在しないのか。」ニーチェはこのようなコギト（我思う）に、「それが思う」を対立させる。しかし、形而上学者は傲慢なので、「それが思う」を認めない。自分を過大評価しているからである。さらに文法はこの神話に味方する。というのは、「我思う」においては、主語（「我」）と動詞が区別され、「我思う」という行動の起源にひとつの存在があると考えるからである。

同じような誤りによって、われわれは「我欲す」も変質させ、このどうしようもない偏見が現実化され、固定されることになる。「哲学者たちは、意志について、それがこの世界で最もよく知られたものであるかのように語るならわしがある。ショーペンハウアーは、意志だけがわれわれが正確に知っているものであり、しかも付け加えたりへらしたりすることなしで、全体的に完全に知っているものだと語っている。」（『善悪の彼岸』）

『悦ばしき知識』のなかで、ニーチェは批判をくり返す。「ショーペンハウアーは、存在するものすべてが意志するものであることを認めることによって、時間の夜にまでさかのぼる神話を作った。彼は意志の単純性と直接性を信じた。」（『悦ばしき知識』）

ここには、それ以前の考えと対立する変形がある。実際、私は統一体として与えられてあるものを分割した（フレーズのなかで、動詞とは混同されない主語がある。そのため、「我思う」では「我」についての幻想が生まれることになる）。ところがいまや、意志の重視とともに反対のことが生じ、われわれはひとつの実体（意志の統一性）を作り上げる。そこから、誤って混同されてしまった複数の要因が機能する。ニーチェは「筋肉が同時に結合して働き始めなくてはならない」ことを理解していた。

背後の世界も、「我思う」も、意志も、いずれも否定するニーチェは、あらゆる「周辺」「彼岸」「外側」「上方」に対立する。『悦ばしき知識』の序文でニーチェは、このような切断に影響を与えたものが病気ではなかったかと自問さえしている。そしてニーチェはさらに先へと進み、統一されていて強固な全体と切り離してはならない表層にあるもの、表面的なものの価値を認めるにいたる。

客観的なもの、理想的なもの、純粋に精神的なものといった衣装を身にまとった、生理的な必要という無意識の仮装は、恐るべき段階に到達している。そして私は、結局のところ、今日までの哲学はただひたすら身体の解読と身体の無理解にすぎなかったのではないかと自問する。いままで思想の歴史を導いてきた最高の価値の判断の背後に、個人・階級・民族全体の身体の構成についての無理解が隠されている。形而上学の無謀な狂気、特に生の価値の問題に対する形而上学の答を、まず何よりも、そしてつねに、規定された身体の兆候として考えなくてはならない。(『悦ばしき知識』序文)

## コント——秩序と進歩に味方する哲学

オーギュスト・コントの哲学のなかには、いくつもの哲学がはっきりと共存しているが、それにもかかわらず彼の哲学はひとつになっている。私はこのひとつの哲学の存在を主張するが、このような結論を最もよく実証するのがコントという理論家にほかならない。

実際、その後の哲学一般は細分化され（コントは集団的なものしか考えなかった）プログラム化される（コントによると、現在は未来に対して規制されなくてはならず、また未来そのものは過去から帰結する）と私は考える。人間の運命を良い方に向かわせ、新しい批判的な社会秩序のために働かなくてはならない。コントはそのための戦いに身を投じ、無制限な個人の自由にも反動思想にも反対した。つまりコントは秩序と進歩の味方であった。

よく知られていることだが、コントは最初、その哲学の始まりである『実証哲学講義』のなかで、科学的知識の曲線を描いた。つまり、すべての理論は、神学の段階もしくはフィクションから、実証もしくは証明の段階へと移行する。これがコントの三段階の法則である。

純粋な抽象である形而上学の時代が、神学の時代と実証の時代のあいだに入るからである。この三段階の法則を直線的に考えてはいけない。というのは、神学の段階は、三段階のうち最も有害な形而上学の段階よりも優位にあるからである。あまりにも系列的に理解するのは避けるべきである。また、それぞれの科学がさらに細分化されることにも注目しておこう。たとえば物理学は、重力学・熱学・音響学・光学・電気学に分かれる。コントは科学のこのような運動をたどる。

第二の哲学に移行しよう。望むと望まないとにかかわらず、われわれは世界から人間（人類、いわゆる主体の綜合）へ、宇宙論（大地）から社会学的考察へと移行する。それ以外の移行はありえない。というのは、ひとつの理論の登場は、その理論が依存していて、またそれを展開させるような決定要因を含んでいるからである。そこには数学が役立っている。数学は、部分に対する全体の優位、合理的なものの優位をわれわれに示している。この合理的なものによって、われわれは抽象的でなく、普遍的でもない記号へと接近する。

最後に、第三のテーマがある。『実証哲学講義』で示された数学モデルの階層構造のあとに、われわれは集団的なものの支配力についてのコントの思想を知ることになる。そのばあい、最初の分類が、徐々にこの支配力を再考させ、手直しさせるのに役立つように思われる。ここでは直線ではなくサークル状のものを考えよう。そうすると、秩序と進歩とを結び付ける法則が必要となる。

最後に、次に示す三つの契機が結び付き、強化される。

(1)三段階の法則。
(2)最初の体系化による科学の分類（数学・天文学・物理学・科学・生物学）。
(3)主体的綜合（これが人類教になる）。

多神論から有神論への移行は明らかである。自然な理論はけっして本当に発展できない。神学的哲学をこのように立派に単純化すると、個別的なばあいに、超自然の大きな力の作用を、ある一般的な方向、それもかならずあいまいな方向へと還元してしまうことになる。

したがって人間精神には、この超自然的な力の作用のあり方として、それぞれの現象の物理的法則を研究する資格があり、またその責任さえもある。逆に、この時代よりも前に、実証的な研究に向かった知性は、最も単純な現象に関しても、特殊で詳しい神学的説明に直面し、不信心にならざるをえなかった。（『実証政治学体系』第四巻「科学と科学者についての哲学的考察」）

「主体的綜合」はきわめて重要であり、コントの哲学は、実在との抽象的な関係（科学）に対して、哲学を大いなる存在、つまり人類の讃美へと導く結び付きを代置する。愛が本当のつながりになる。内側を外側に従って律しなくてはならないとすれば――天文学はそうしてきたが――内側から外側（献身・同胞愛・相互愛など）へと移行することも、同じように重要である。

この精神的な力は、政治的な力とは異なっている。コントは特殊性・傲慢、押さえるもののない利己主義を嫌った。それらは、否定主義の文化によって支えられているからである。このような方向に進むことによって、コントは数多くの成果を収めた。さらに彼はその頃までほとんど評価されなかった、女性・プロレタリアート・聖職者（のちに述べる意味での）を評価した。

コントの実証主義は、それまで遠ざけられるか無視されていた女性に、精神的な力を発揮する役割を与えた。イスラム教のものであれ、キリスト教のものであれ、神学主義は結婚を生殖に結び付けて考える。コントは、それは人類についての誤った理論だとする。というのは、結婚という制度は両性の完成のためにあるからである。性は保護するものであると同時に保護されるものであり、そこから本当の社会性が生まれる。コントにとって、母・姉妹・妻・娘として認められた女性は、利己主義を他人重視の立場に従わせるのに役立つ。「女性は、男性がその実践的・理論的な生活に内在する腐敗から男性を保護する運命にある。女性の持っている感性の優位が、この基本的な役割を自ずから女性に与えている。」（『実証政治学体系』「人類教を構成する社会学について」）

コントはまた、プロレタリアートに特権的な位置を与えた。そのころ宗教は労働を神の呪いとみなし、古典的な形而上学が教えていたのは、抽象的な概念、弁論の術、逸脱した遊びであった。古典的な形而上学が教えていたものがわかれば、文学者の虚栄の説明ができるだろう。一方で労働者は自然と格闘しているが、他方で実証主義の哲学は、行動のための道具が知的・道徳的な力と不可分であることを示した。

最後に、謎のような第三の存在がある。それは新しい宗教の聖職者で、彼らは思考する階級のエリートである。つまり、現実との抽象的な関係に、その実在を包含し、社会性の発達を促すものを付け加えなければならない。現実との抽象的な関係は科学が設定すべきものである。しかしコントは、一八六九年オメール月（コントの考えた暦法による）十五日のオディフラン博士宛の手紙で、「普遍宗教によって消された科学」について語っている。また社会性については、「原理としての愛、基盤としての秩序、目的としての進歩」と記している。

コントは、この宗教に関して、想像力に依拠するものを高く評価しなかった。彼はそれとは反対のものを求めた。寺院・儀式・象徴的秘跡が重視され、新しい暦法が考えられた。一例を挙げると、この宗教は客観的な不死についての粗雑な考え方（身体の甦りといった）を新しくした。コントによれば、人間が死後に期待できるのは、主観的な不死（記憶）にほかならない。「このような状況では、生者はいつも死者に支配されている」ことを覚えておくべきである。

女性・プロレタリアート・聖職者が社会のつながりを支配し、個人主義・利己主義・同じように危険な分離主義的抽象作用を敗北させる。

実証的な体制のなかでは、女性の社会的運命は、彼女たちの本当の性質の必然的な結果である。

女性は、人類の最も基本的な属性に関して、男性よりすぐれているのは確かである。女性には、個性よりも社会性を優先させる傾向がある。物質的なあらゆる運命とはかかわりのない女性の精神にわれわれはいつも敬意を払わなくてはならない。それは人類の最も純粋で最も直接的なタイプの精神としてであって、それを男性的な標識で正しく表現することはできない。しかし、そのような優越性が女性にあるからといって、彼女たちが社会的に認められるということにはならない。女性が自分でそうなりたいといったわけではないが、そうした夢想は時折り試みられたのである。というのは、あらゆる人間存在の現実的な目的に関しての女性の直接的な優越性は、その目的を達成するためのさまざまな手段についての女性の劣等性と関係があるからである。身体・精神・性格のあらゆる種類の力に関して、動物世界の普通の法則に従って、男性は女性よりも明らかにすぐれているからである。(『実証政治学体系』)

## ベルクソン――閉じられた道徳と、開かれた道徳

ベルクソンは二十世紀のフランス哲学を支配したひとである。それだけでなく、彼はフランス哲学の地平を拡大した。私がいままで使った定義によるならば、ベルクソンはわれわれの世界全体を包括する「ひとつの体系」を作ったというよりは、彼の最初の直観を確証できる、この世界の実験的な側面の探求を重ねた。

私は、ベルクソンが『物質と記憶』のなかで展開したそうした側面のひとつを評価したい。たとえベルクソンがいくらかは間違っていたり、行きすぎて誤りをおかしたとしても、それにもかかわらず彼は、神経医学の実証主義を解体し、無効にすることに成功したのである。神経医学の実証主義は脳の唯物論であって、それによると、ニューロン（脳の細胞）が記憶を保存していて、脳のある部分が傷を受けると、記憶が失われ、語彙がなくなって、失語病になる。

ベルクソンにとって、このばあいに破壊されるのは想起を動かす装置だけであり、記憶内

容そのものは、そのまま残っていて、相変らず存在している。その証拠は次の通りである。リボの法則によると、語彙が消えるのは、それが含んでいる（潜在的な）運動性のためである。リボの法則では、最初に固有名詞が消え、その次に普通名詞、そして最後に動詞と間投詞が消える。ベルクソンが説くように、「もしも記憶内容が脳の細胞に保存されているならば、それは説明不可能である。」これに対して、ベルクソンによる別の仮説に立てば、すべてが説明される。つまり、動詞が最後に消えるが、それは動詞が身体が演ずることのできる、明らかな身ぶりを表現しているからである。

もうひとつの論点がある。何かの精神的ショックでニューロンの領域に影響があり、患者が意識を取り戻すと、忘れられていたことばが戻ってくることがありうる。消されていなかった記憶内容が甦ったのである。

ベルクソンの唯心論は、文化・情報が有機体としての人間の領域を超え出るという意味での唯心論である。ベルクソンはそうした唯心論の立場から、消え去ったことばを回復させる方法を分析した。誰でも、忘れたことばに多かれ少なかれ似たことばを発音してみる（運動図式によるからである）。いずれにしても、そのことばが発音されると、患者は「それだ」という。そしてベルクソンは、患者が少なくともあいまいではあっても記憶されたことばを知っていて、誰かが発音したことばと一致させたはずだという結論に至った。

そうするとそのことばは、ブローカの言語中枢以外のどこにあるというのか。しかし、言語をどこかに位置させようという、空間の誘惑に応じてはならない。正義がどこにあるかを、誰も裁判官にたずねはしない。「どこかの場所」というのは、狭い脳中心主義の考え方を示すものである。精神的なものは、空間への位置付けを超える。

ベルクソンは記憶作用と記憶内容を対立させ、両者を混同してはならないと主張した。実際に、過去は二つのかたちで存在する。ひとつはレッスンの暗誦、つまり自動化された運動性というかたちであり、もうひとつは、読書していたり朗読しているときに、友人の来訪が思い出されるような、特別な想起である。この二つのばあいに、記憶ということばは共通に用いられる。しかしこの二つのケースはまったく異なるとベルクソンは考える。

付け加えておくならば、このような精神的な記憶を示すことは、ベルクソンの思想の中心となる理論（持続）を確証するものであり、巧みに説明できると主張されている記憶の空間性を否定するものである。

記憶内容が脳の細胞のなかに保存されていると考えると、すべてが説明不可能になる。逆に、脳は単に想起するための器官にすぎないと考えれば、すべてが説明される。そうすると、脳に損傷が与えられるとき、次のことが理解されよう。想起する能力が弱まるので、想起するのに最も困難なイマージュの記憶内容、想起するのに最大の運動能力を必要とするもの（固有名詞）の記憶内容が最初に消え、脳が弱くなって、その力が低下するにしたがって、そのほかのことばが消える。動詞が最後に消えるが、それは動詞が身体によって直接に演じられる行動を表現しているからである。(『物質と記憶』第二章「イマージュの再認、記憶と脳」)

この問題に関連して、少なくとも二つの理由によって、私は『道徳と宗教の二源泉』に言及したい。ある解釈者が、ベルクソンのほかの著作ではいつも使われている持続という重要な概念が、この著作では使われていないことを検証した。そうすると、創造力のある時間性を論じたこの哲学者は、持続とは別の新しい自分自身のテーゼを説明したことになる。彼は著作活動のさまざまな段階で、従来の考えを改め、また新しい考えを提示したのである。

さらに、『道徳と宗教の二源泉』によって、私の考えがさらに補強される。問題は考察の中心に置かれ、ベルクソンはそれを避けることができない。

『道徳と宗教の二源泉』というタイトルが示すように、ベルクソンは道徳に二つの源泉があると考える。一方には、社会的な抑圧、妥協主義、したがって閉じられた道徳があり、他方には、超越への渇望、英雄が与える感動、集団の連帯とは対立する同胞愛、したがって開かれた道徳がある。

この二つの力は相互に浸透している。あるいはむしろ二つとも、知性の面という中間の面に注がれる。そうしないと、道徳は合理的な性質を求めることになるだろう。「道徳が純粋な理性のなかに基礎を見出すことはない。」ベルクソンはカントの影響を避けるためにこのような考えを利用するのである。カントの思想という残された遺産は使うべきものかもしれない。しかしそれを自分のものにしてしまえば遺産ではなくなる。カントに従うならば、ここでは非矛盾の論理に従わなくてはならない。しかしベルクソンは、そのような正当化が不十分であることを示すのに困難を感じなかった。

宗教も同じような二重性に依存している。一方には、社会的結合を維持するための禁忌、死者への畏怖、死後の生への信仰、呪術などがあり、他方には神との霊的な統合、神秘的な生活、山上の垂訓がある。「あなた方はこのように告げられた……私はあなた方に告げる……」

『道徳と宗教の二源泉』は、道徳と宗教よりも以前にあったものを解明した同じ二重性に基づく警戒で終っている。二重の熱狂と呼ばれる法則は、進歩・機械・技術・安楽に完全に熱中したあとは、単純で、禁欲的で、神秘的でさえある生活に戻ることを求める。「人類は自分たちが作った進歩の重みの下で苦しんでいる。」すでに、欲情にかられた快楽にふける社会が拡がり、人口抑制の基礎を尊重しないために、おそらく戦争によって人口をへらすことになるだろう。つまり、野蛮なものがわれわれを待っているのである。

ベルクソンが考えるような哲学は、単に振子の振動を待つべきであるだけではなく（生産的な熱狂のあとは、均衡の取れた、もっとつつましい生活が来る）、民衆の教育に直接にたずさわり、人類がホロコーストを避ける手助けをしなくてはならない。哲学は力学から神秘学への移行を支えるだろう。質素な生活をすることによって、強い身体は、調和していてわれわれを自由にする働きをするだろう。

どんな思索をしても、ひとつの義務もしくはそれに似たものを生み出すことはないだろう。理論の美しさなど問題にはならない。私はそんなものは認めないということができる。そしてたとえ認めるとしても、私はいつも自由に行動すると主張するだろう。しかし、もしも感動の空気がそこにあって私がそれを吸い込み、感動が私のなかに浸透するならば、私はその感動に支えられ、それに従って行動するだろう。それは強制や必然によるのではなく、心の傾きによるものであって、私はそれに抵抗しようとは思わないだろう。

(『道徳と宗教の二源泉』)

# バシュラール——科学と想像力との交わり

ガストン・バシュラールは、現代哲学を明確に示す哲学者で、彼の著作は一〇〇カ国以上の国で訳されている。しかし彼の哲学は解放者を当惑させる。それには二つの理由がある。第一の理由は彼が科学がどういう姿であるかを提示したことである。しかし、この姿は進化していくものである。これは多元化した認識論である。第二の理由は、もうひとつむずかしい問題があることである。バシュラールの仕事は、科学と、想像力の形而上学という二つの側面を認めている。この異様な二重性を受け入れることができるだろうか。しかしわれわれは、この方向でもっと先へ進むことができる。というのは、この二つの側面のあいだに、別の分析を行なった、『持続の弁証法』のような著作が存在するからである。

私は第一の問題から考えたい。バシュラールは、科学がその歴史のなかで変わってきたことを立証しなければならなかった。それは彼が認識論的切断と呼ぶものである。科学史は、科学が歴史のなかで出現したとか、歴史に依存しているということを意味するものではない。科学史は、一種の積み重ねによって、真実に真実を付け加えるというものではない。そうではなくて、科学史は過去と断絶する。本当の科学者は、連続していく者ではなく、自分の理論の基礎を疑問視する者である。

われわれはこの原理をバシュラールの認識論そのものにあてはめなくてはならない。彼の認識論が本当の激動を知ったからである。当然のことであるが、認識論的切断はバシュラールの認識論においても行われる。

初期のバシュラールは、実在論を否定する科学を重視した。「否」は科学が、科学を単純化するもの、科学を歪めるイマージュに対立するものであることを意味する。メイエルソンは多様なものを同一視し、同一なものにする作業を理性に託したが、バシュラールはこの考え方に反対し、むしろ同一なものを多様化すべきであって、異なったものを同じものに還元してはならないとした。

『科学的精神の形式　客観的認識の精神分析論』（一九三八）は、この考えを妨げる障害を除去した。ひとつの概念の豊かさは、変形の力によって測られる。科学は対象を数学化し、われわれを大まかな実体主義へではなく、蓋然的なものの実在論へと導く。可能的なものが実在を計測しようとし、また実在に代わろうとする。バシュラールを引用するならば、実体は科学によって数字の影になったのである。

二番目のバシュラールは、認識論の科学者で、いままで述べてきたような問題に十年間沈黙したのち、二年おきに刊行された三冊の著作でその思想を明らかにした。
『適応合理主義』（一九四九）
『現代物理学の合理主義的活動』（一九五一）
『合理的唯物論』（一九五三）

これはバシュラールが二十世紀半ばの科学革命に参加したということである。そのことについて控え目な二つの例を挙げておきたい。ひとつは、科学の対象はその概念が相互に関係する傾向があるということである（ピロ電気、熱と電気の結合がそれを立証している）。もうひとつの例は、精神と実在が互いに助け合うということである。その結果、物質化と応用が重視され、また、主体（コギト）の帝国主義が終る。

変化を求めるバシュラールの哲学は、昨日までの観念論の足跡を消そうとする。昨日までの観念論は、弁証法的な運動のなかにある、変化して行く科学には対応しないからである。

私はきわめて単純な例を挙げて、通常の型通りの進化と、科学に基づく近代技術の進歩がいずれも不連続であることを示したい。

第一に、白熱電球を作った技術が、十九世紀まであらゆる人類が使ってきた照明の技術とはまったく断絶していることをいっておきたい。古代のあらゆる技術においては、照明のためには何らかの物質を燃やすことが必要であった。エディソンの電球のばあい、科学技術は物質の燃焼を妨げることにあった。古代の技術は燃焼させる技術であり、新しい技術は燃焼させない技術である。しかし、このような弁証法を働かせるためには、燃焼についての特別に合理的な知識がどうしても必要であった。燃焼についての経験的知識では不十分である。それは、燃焼する物質の分類、燃焼しやすい物質の評価、燃焼し続けることのできる物質と、「不適当な」物質との区分で満足していたからである。燃焼を妨げるためには、燃焼が物質の持っている力の展開ではなく、ひとつの結合であることを理解しなくてはならなかった。酸素についての化学は、燃焼についての知識を根底からくつがえしたのである。(『適応合理主義』)

二番目のバシュラールというとき、二番目は外見にすぎないが、この二番目のバシュラールはしばしば最初のバシュラールを隠しているとされる。しかし私はこの区分に反対である。私は認識論のなかに、解釈者が認めないような裂け目を見出し、逆に彼らが認めるところでは私はそれを認めない。その裂け目は、科学と想像的なものについての考察のあいだに存在する。こうした私の解釈はきわめて異例のことである。

バシュラールが、哲学のこのような新しい領域にどのようにして、またなぜ入って行ったかは誰でも理解できる。しかしわれわれは彼の哲学の新しさも、その科学的な構成も過大評価すべきではない。それよりも、バシュラールの詩的なテクスト、象徴的で絵画のような叙述を重視すべきである。最初バシュラールは、科学以前の宇宙論や錬金術の方法に影響する、こり固まったイマージュ、多かれ少なかれ長く続く夢を考察した。そうしたイマージュや夢から離脱するためには、それらを知る必要がある。

この問題でのバシュラールは、消極的な立場を捨て始める（信仰や幻想を排除する）。また、彼は、ある時期から、エネルギーに関する波動物理学と、刺激のあるイマージュのリズム性とを結び付けて考えるようになる。そのあと、『ロートレアモン』では、イマージュの分析はさらに細かくなる。科学が実在論から離脱するするのと同じように、詩人は創造し、「変化するかたちの群」に加わる。

ここでも私はバシュラールの並行論に気付く。概念はかたちを変えることを知っているだけだが、詩的なイマージュが存在できるのはかたちを変えることによってのみである。

バシュラールは次のように付け加えている。「計測幾何学の下にある投影幾何学を発見するのに天才的なものが必要だったように、投影的な詩の基礎を作るためには本当の勇気が必要である。この並行性は完全である。」（『ロートレアモン』）。のちに、イマージュ（鏡に映った一種の概念、鏡像による二重になったもの）は、コンプレックスの物質性というバシュラールの考えにわれわれがなじむのに役立つだろう。この時、バシュラールの認識論は、近代性の荷い手になっている基層を考慮しようとしたのである。ここでも、二つの方向の並行論、あるいは少なくとも両者の照応がふたたび重要になる。

最初、この二つの方向は分かれていたが、結局は交わることになった。その結果として、両者は時によって遠ざかり、また対立することにもなる。そしてバシュラールのテクストは、両者の倒置ではないとしても、両者のへだたりを主張する。しかし結局は、両者は合体し、結合することになる。そしてバシュラールは両者の関係を類似性と対立と呼ぶことになる。

想像力と意志との弁証法を考察するにあたり、私は物質の想像力と力の想像力との綜合の可能性を準備する。そこで私は持続のイマージュの考察から始めることにした。柔らかいもののイマージュと固いもののイマージュとのあいだでの明確な選択について いわなければならないとすれば、われわれはその内面の生に信頼を置きすぎることになるだろう。固い物質の想像力と、柔らかい物質の想像力という二極のあいだで、合成された物質という綜合があった。私には、物質的想像力という完璧な仕事——完璧であるのは四大を用いているからであるが——、デミウルゴスの力を人間に与える英雄的な仕事のダイナミックな価値を示す機会があった。(『大地と意志の夢想』)

# ハイデガー——われわれは存在者である

マルチン・ハイデガーは、私が創った哲学のつつましい天国に入る資格が十分にある。それは彼の魅力に富んだ分析のゆえであり、またわれわれが彼について知っていること、つまりナチスへの彼の加担にもかかわらずそうなのである。彼はフライブルク大学の学長に任命され、ヒトラー体制の一員であることを示した。われわれはそのことを忘れないし、軽視することもない。

最初に、ハイデガーは存在者とは異なる存在についての理論を展開することによって、哲学の領域でのひとつの十字軍を指導したことに注意しておきたい。存在者とは、実存するもの、もしくは存在するものを意味し、指示する。実証的に限定されたものしか考えられないような科学とは早目に手を切って、存在者の種類を確定し、その法則を作り、それによって「存在者性」の領域を構成しよう。

しかし、存在者にこだわっていると、特定のもののレヴェルを超えることができない。心理学者による探求も拒否しよう。彼らは具体的な状況を通して個人にかかわる実存的分析を行なっているが、それも含めて、彼らは同じ限界のなかに閉じこもっているからである。哲学は「実存的なもの」に向かわなくてはならない。実存的なものが、人間の存在論的構造を確実にするからである。また、形而上学者からは遠ざかることにしよう。彼らは存在を存在者の存在としてしか考えず、したがって「存在の忘却」に加担しているからである。彼らは科学の動きと、その物中心の考え方を捨てることがない。ハイデガーは、論理と本質主義に支えられたヘーゲルの存在神学に対して特に批判的であった。

ハイデガーにとっては、何よりも存在者、与えられたものを否定することが重要な課題であった。この存在者に対立するのが、存在者の起源であり、存在者を包含する存在である。存在が存在者を廃棄するのであり、ハイデガーはそれを「除去」と呼んでいる。

しかし、このような保留、このような根底（存在）がひとつのかたちを得るか、ひとつの場所を占めることができるとき、われわれは存在と対立する（そして存在によって置かれる）存在者のなかにふたたび落ちてしまうだろう。また、存在を定義することはできない。ひとつの定義は、もっと大きな種類に含まれることを意味するからである。しかし、存在よりも大きな種類はない。したがってわれわれは存在を定義できないものとする。存在は存在者ではないから、このことは驚くべきものではない。

存在の学そのものである存在論は、存在者論とは明確に区別されなくてはならない。存在者論は存在者にかかわるものであり、したがって、アポステリオーリなものが支配する経験的なテーゼと関係する。

ハイデガーによると、存在は次のように規定される。

A．存在はユニークではあるが、きわめて普通に存在する。

B．存在は「後退してはいるが、きわめてよく理解できるもの」である。

C．存在は、同時に空虚・充実・過剰である。

ハイデガーはさらに進んで、予見できないものを認識するという点で、核物理学・量子力学にまで注目するようになる。すでにあったものが生じてくるものを導くことができず、そのため因果律が有効ではなくなる。その結果、あるできごとが突然に出現することが認められる。したがって、そのできごとをそれ以前に存在するものによって説明する必要がなくなる。

われわれは存在者であり、この存在者をもとにして存在を明らかにすることができる（この存在者が現存在である。現存在は、不安、死もしくは非実存の実存という考え、罪性、配慮を体験する）。われわれは存在を無として見る。それは、存在者ではなく、存在者の存在である無である。だからといって存在は、存在者に対して積極的にかかわろうとするのではない。存在は存在論の横にもうしろにも存在するのではない。存在は存在者から退きながら、存在者のなかで「除去」されている。存在はひとつのアプリオーリである。しかし存在はわれわれに存在者を与えるのであるから、その自律性を失っている。

「存在者が存在する」というとき、われわれはそのたびごとに存在者とその存在とを区別する。しかしその区別において何が問われているのかは考えない。そのため、われわれは、存在者と存在の区別の根拠、その由来、またその区別の明白さ、またその区別が明白であることがなぜ主張されるのかを問うことがない。存在者と存在の区別の根拠に留意すべきだとする理由は少しも見出せない。

われわれは存在者をその全体において考えるか、あるいは単に近似的に考える。しかし存在者としてわれわれが表象するものは、まったく不確定であるか不明解である。存在者であれ存在であれ、あるいは両者が別個に捉えられたばあいや、両者が「融合」したばあいでも、さらに、両者が区別されてはいてもあいまいな関係にあるばあいでも、いずれも不確定であるか不明解である。したがってこういう表現には混乱があり、その混乱は今日に始まったものではない。われわれは「存在」というが、実際には存在者のことを言っているのである。（『ハイデガーの基本概念』）

ハイデガーの哲学が言語の問題に革新をもたらしたのは疑いのないことである。彼の哲学は、言語を限界のある機能性から解放した。それまで言語は存在者とそのシンタクス構造

（論理関係の文法）に従属していたのである。

多くのひとびとにとって、話すということは表現することであろう。ハイデガーによれば、それは具体化されようとする内部の観念の存在を前提としている。しかし、ことばを「外在化」するのは、まさに外側に留まるということである。われわれは言語のコミュニケーションの役割に留まっていてはならない。われわれは言語を情報と表象の道具と考えているが、それは存在者の言語である。

しかし、新しい言語を作るのが問題なのではない。いま使っている言語をもっとよく理解すればいいのである。ハイデガーは『ヒューマニズムについて』のなかで、次のように書いている。「思考は、その暫定的な貧しさのなかに再び落ちて行くだろう。思考は、単純な発言という点では言語に似ている。雲が空の雲であるように、言語は存在の言語になるだろう。」

聞く者は語る者から遠ざからなくてはならない、というのがハイデガーの第一のテーマである（語る者は無意味なおしゃべりをしがちである）。「聞いていないことはよくわからない」というよく知られた表現がその証拠である。本当のことばは沈黙で固まっている。われわれは現存と不在のなかで進んでいくからである。また、この際記しておくが、われわれは命名（命名はそれぞれの物に単語のラベルを付けるので、物から離れることがない）よりも、単に呼びかけるだけの指名を優先させる。本当の言語は、実存的なものに由来するが、われわれに存在者を与えるために、自らの枠から離脱する存在として考えられる。したがって、存在はこの離脱を立証するものであるが、しかしすでに述べたように、存在は自ら後退するのであり、存在が惹起した存在者とは区別されなければならない。

第二のテーマ。ここでの人間はことばの主人ではない。あるいはもはやそうではない。むしろ、ことばが人間の条件である。ことばは人間において語る。そして聞く者は、自分の支配の幻想を捨てる。

第三のテーマ。ハイデガーが用いる隠喩は、展開されてわれわれを概念的なものから解放しなくてはならない。そのばあい、それぞれの領域のことばの遊びは無視すべきである。逆に、ハイデガーは「適合」、つまり人間と存在との独自の配置を重視した。ハイデガーはこの配置を「住むこと」として規定した（「住むこと」には、隠れ家、窪地、管理人そして特に道がある。道は道路と混同されてはならず、小径に近い。小径もまた天と地とを結び付ける）。

詩がハイデガーの考えを確実なものにする。詩によって、詩のなかで、ことばは呼びかけ、呼びかけるものを近寄せる。しかし、ことばが物に向かって来るようにいうとき、現存しているもののなかで、それらの物に現存の状態で来るようにいうのではない。それらの物のための場所そのものが、不在のなかにある。

ハイデガーは、たとえばトラークルの「冬の夕べ」といった詩の解釈において勝利を得る。トラークルは最も簡潔なことばしか使わないが、それにもかかわらず彼の詩は人の心を打つ（来るようにという命令、天と地の結合、世界の展開）。

ことばは、存在者と不可分の伝統的な形而上学を捨てなくてはならない。またことばは、人間主義の人間学に奉仕すべきではない。人間主義の人間学は、存在を忘れ、存在者の複数性のなかに埋没しつつ、主体の讃美を続けているからである。

「名付ける」とはどういうことか。それは、われわれが知っていて表象できる物とできごとに、雪・時計・窓とか、落ちる・音がするといったことばをあてはめるだけのことだろうか。そうではない。名付けるというのは、形容を配分し、単語を用いることではない。名付けるとは、名で呼ぶということである。名付けることは呼び掛けることである。呼び掛けは、呼び掛けた相手を近寄せることである。おそらくこの接近は、呼び掛けた相手をもっと近くに来させ、すでに存在しているサークルのなかの最も近いところで対応し、安全な場所に置こうとするものではない。しかし、呼び掛けは来るようにと呼び掛ける。したがって呼び掛けは、近いところで、以前には呼び掛けられなかった者を現存させる。しかし、来るようにと呼び掛けることによって、呼び掛けは相手にすでに呼び掛けていたのである。（「ことばへの歩み」）

## サルトル――主体の統一性の回復

サルトルを最後に論じることになったが、最後だからといって重要であることに変わりはない。そのサルトルで現代哲学の見取図が完成する。そしてわれわれはサルトルのことを、きわめて特別にまたきわめて図式的に想起しなければならない。サルトルの哲学は、私の行なった区別を混乱させ、それを危うくさえするものであることを私は認める。サルトルについて私が言及するのは、われわれの見取図に加えたり、含めたりできるものに限られる。もっとも、そのように付け加える仕事は困難であるが。

サルトルは自由、意識の運動（対自存在、つまり意識を持つ精神の運動）を重視する。それは絶対化されたコギトへの一種の回帰である。しかし、この対自はそれ自体では存在せず、サルトルほど実体としての自我、ひとつの存在としての自我という考え方を批判した哲学者はいない。そのような自我は物と同じになるからである。ところがサルトルは即自（外部）の側に立つ。存在としては不十分なこの意識（無のなかにある）は、物に自己を投影している。

サルトルが分析した例によるならば、私が雪の野原にいるとすると、雪がずっと積もっていて拡がっており、動かずに固くなっていて、その白さがまったくむき出しになっていることがわかっても、われわれはすぐにはそれに動かされることはない。しかし主体はただちに事態を把握する。「たとえ雪だるまにせよ、彼は雪を使って何かをする。」スキーヤーは最初の勝利を獲得する。彼がしている滑走は、根付いていることと対立する（このばあい、われわれは自分を制御できず、速度のコントロールが不可能である）。スキーヤーは自分が支配していることを確信している。彼はスキーをしているのである。しかし、われわれはうしろに残した客観的なシュプールによって挫折を感じる。シュプールは、われわれを滑らせている雪の抵抗を示すものであり、われわれの所有には限界があることをあらわにしている。そしてそれはまた、（最初はボートによる）水上での移動が、物の重さを否定する、所有のための操作をよりよく実現している理由である。

もっと徹底した方法は、物を見回すことではなく、物を焼いてしまうか、物を捧げることであって、そのばあいも物は消滅する。対自（無化する意識）は、即自を完全に支配する主人になる（この焼却は、逆になった創造に等しい）。破壊もまたわれわれの内部に世界を吸収する。

これと理論的に近いもうひとつのテーマがある。サルトルは、『存在と無』のなかで、フロイトの考え方に対立させて、彼が実存的精神分析と呼ぶものを主張している。われわれの行動に作用を及ぼす、無意識の心的領域（イド）がありうるという考え方（物中心の神話）に対して、サルトルが反対したことはよく知られている。フロイトは精神的なものを二つに分けたかもしれないが、それは認めがたいやり方によってであった。規則正しく、また明確に抑圧するためには、検閲はかならず抑圧する対象を知っていなければならない（検閲は抑圧の対象を知らないでおくために知るのである）。これは当然考えられることである。したがってサルトルは、主体の統一性を回復したのである。

というのは、隠すということは、隠す対象を知っていることが前提とされているからである（隠すこと、隠す対象を知っていることとは不可分である）。知らないようにするために知るというサルトルは、そこに彼が「不誠実」と名付けるものの効果を認めた。不誠実とは、自分が知っていることを知らず、また、知っているがその認識をわざと避けるのだという認識を含む認識のことである。

最後に、もしも世界のなかでの存在、そしてその存在を活動させることが、破壊的であり、また逆に対象を吸収してしまう仕事のなかで対自を表現するとすれば、選ばれた対自にかかわらないような状況は存在しない。その結果、（対自と即自という）対立する二つの軸が結合する。しかしこの結合は、「無化」によるものである。対自と即自は無化のために使われるが、またこの無化が両者の特徴になっている。

初めてのデートに向かうひとりの女性がいるとする。彼女は、自分に話をする男が、彼女の視線を楽しんでいることをよく知っている。彼女はまた、遅かれ早かれ自分が決断しなければならないこともわかっている。しかし彼女は急いでいることを感じたくない。彼女の関心は、男の礼儀正しく控え目な態度が何を意味しているかということだけである。しかし、男は彼女の手を握る。男のこの行動は、彼女がすぐに決断することを求めるものであり、状況はそれによって変わることになる。握られた手をそのままにしておくのは、軽く身をゆだねることに同意することであり、参加《アンガジエ》することである。手をひっこめるのは、楽しい時間を作り出している、悩ましく不安な調和をこわしてしまうことである。決断の時をできるだけ引き延ばさなくてはならない。その時に何が起きているかは、われわれにはわかっている。若い女性は、男に手を握らせたままにしているが、そうしていることを知覚してはいない。彼女がそのことを知覚しないのは、彼女がそのとき完全に意識的になっていることにたまたま気付いていないからである。

そしてこの間に、身体と魂の分離が完成される。彼女の手は、男の熱い両手のなかで無感覚に休んでいる。彼女の手は、男に同意しているのでも抵抗しているのでもなく、一箇の物になっている。

この女性の立場を、私は不誠実《モーヴエズ・フォワ》だというのである。（『存在と無』）

しかしサルトルは難問を解決したわけではない。個人の自由についての理論と、政治的闘争（集団的なもの）への参加とを、どのように調和させるかという問題である。そこから、サルトルの重要な著作である『弁証法的理性批判』のテーマが提起される。サルトルはそこで、変革する実践（企て）と、分離（他者・競争相手としての個人の根本的な葛藤）とを妥協させようとする。哲学者サルトルは、自分がたえまなく分断してきたものを結合できるのだろうか。サルトルは問題を避けない。「われわれが単純にマルクス主義者でないようにしているものは何か。しかしそれは解決不可能な問題にぶつかっているからである。他方、マルクスが主張しているように、人間は自らの歴史を作っているのだが、それは彼らを条件付けている、与えられた環境においてである。」（『弁証法的理性批判』第一巻）ここには両義的なものがある。人間は歴史を作るが、歴史もまた人間を作る。サルトルにとって、歴史を作る主体は、物質的な前提によって決定されえないことは明白である。

したがって、また最初から、サルトルは人間の疎外と歴史的解放との多様な媒介（いわゆる後退・前進の方法）を求めていたし、また弁護していた（文化・家族・社会による媒介の重要性）。

しかしサルトルは、自然の弁証法（にせの科学）という考え方を強く否定した。外側の唯物論は、弁証法を外部性として規定する。そうすると、人間の本性は人間の外側、アプリオリな規則、人間を超えた自然のなかに存在する。要するに、弁証法はひとつの必然性に依存するものではない。弁証法は、個人を超えたものからではなく、主体から生ずる。

サルトルは、われわれが彼の哲学について知っていることをくり返して主張した。彼は「自由な企て」の客観化を主張しなくてはならなかったが、それは主体の分裂、矛盾そのものをもたらすものであった。サルトルの関心が高まって、このブルジョワの家主は、自分の家を隠している壁を高くすることになる。また彼は自分の記憶を書き記して引き出しに入れるが、そうするとすべては彼の外側に存在し、彼とは分離される。しかしそれによってサルトルの考えは社会のもの、組織のものになるのであり、それが彼の生産様式である。物象化と孤立化が、「無感覚な実践」を規定する。また、粘着性と系列性についてのサルトルの鋭い分析はよく知られている（誰でも競争相手として見ている他者を無視し、両者を結び付けるものはない）。

しかし、このような複数の孤独は、危機的な状況や何かの危険の時に生まれる混乱状態の集団のなかでは消え去る。それぞれの自由な企てが、ほかのひとの自由な企てと一致する。それまで支えられてきた否定を通して、ひとつの連帯が作られる。しかし、この敵対する者が混在する集団は、必然的に現われるのではない。そうした集団が稀なものであることと、実際に存在したばあいの構造とによって、共通の実践が部分的には説明される。混在する集団は、一体化した集団を否定するが、しかし自らのもろさを知っているから、その集団の維持を確保し、離散しないようにするため誓約に依存する。「誓約という行為は、集団の拡散をまったく不可能なこととして、可能なものの領域の中心で可能性を永久に否定することとして、未来に向かって自由に提示することである。」（『弁証法的理性批判』第一巻）

しかしこの集団は、自由に依拠するあらゆるものと同じように、無感覚な実践の回復によっておびやかされている。つまりこの集団は制度化されようとする。われわれは主体の原子化へと戻っていく。

サン＝ジェルマン広場にひとびとの集団がいる。彼らはバスを待っている。彼らの年齢・性別・階級・生活環境はきわめて多様である。そして彼らは、平凡な日常生活のなかで、孤独・相互性、外部とのつながりの統一性（外部による一体化）の関係を実感している。この関係は、たとえば、再統合されている限りでの大都市の住民の特徴になっている。ただし彼らは、仕事や闘争や、組織された集団のなかでの彼らに共通するそのほかの活動によって、全体に組み入れられているのではない。また実際に、孤独が複数であることに注意すべきである。彼らはお互いに配慮することがなく、ことばを掛け合わず、見つめあうこともない。彼らは信号灯のまわりにばらばらに存在している。（『弁証法的理性批判』第一巻）

# 結論

この本のなかでの私の分析がまったく「表面的」だとか、急ぎすぎで単純にしすぎているという批判があるかもしれない。というのは、重要な哲学を数行で片付けたばあいもあるからである。

本当の研究者は時間をたっぷり使うものだ。そういう研究者はことばをよく考え、哲学のゆるやかな歩みと哲学の意味を感じ取ることを心がける。彼は哲学の表現に問いかけ、その哲学に先行するものを探求する。その哲学の論点や提示の仕方をよく評価するためである。このような批判があるかもしれない。

しかし、私の叙述が表面的だという批判は当らない。私はいつも表面を重視してきたのであり、底の方には、周辺にあるものを弱くしてしまうような暗い幻影があると思っていた。私を批判するひとたちは、すぐれた思想家であるベルクソンの次のような見解にどう反論するのだろうか。ベルクソンによると、最も野心的な形而上学を、単純で、ただひとつのイマージュに、つまりそれ自体が生産的な図にしてしまうことが大切だというのである。

ベルクソンは、形而上学をイマージュに転換する例をいくつか示したのだが、それによってのみ全体の理解ができることになる。また、ベルクソンによると「哲学という名に値する哲学は、ただひとつのことしか語らなかった。あるいはむしろその哲学は、本当は何も語らなかったと言おうとしたのだ。」(『思考と運動』)。また、このような直観を理解するとどのようにして確信できるだろうか。「われわれは表現の二つの方法を持っている」とベルクソンは付け加えて述べている。「それは概念とイマージュである。体系が展開されるのは概念によってであり、体系の起源である直観の方へと体系が押し戻されるときに、その体系がまとまるのはイマージュによってである。」

私の叙述が急ぎすぎているとか簡単すぎるという非難も当らない。文化とか説明というものは、哲学のテクストもしくは注釈を薄めたり、埋没させることではない。「少ない方が多い」という忠告を想起しよう。しかし、哲学史の研究者は私の意見についての反対論を重ねるだろう(それに私は反論するつもりだが)。それは驚くほどのことではない。私は彼らの学問の見方に反対しているからだ。

質問や批判に答える前に、私は批判する側に急いで移ることにしよう。学識の豊かさのなかに閉じこもっている哲学史の研究者は、歴史家としても哲学者としても認められない。

そうした哲学史の研究者をなぜ拒否するのか。哲学史の研究者であるためには、現在を過去と重ねなくてはならない。つまり、たとえばデカルトをデカルトとともに、あるいはデカルトをデカルトによって研究するというような知のサイクルから脱出しなければならない。そういうサイクルに閉じこもっていると、構造的な作品を考えるだけになり、デカルトが認識したり、借りてきたものを探求することにはならないのである。

私はそうした研究者には哲学者としての資格もないと考える。彼の仕事はテクスト分析か、厳密な解釈的方法に接近しているからである（厳密な解釈的方法とは、ひとつひとつの言葉の研究、翻訳のニュアンス、反対意見の検討、議論の変化と不確定でさえあることなどである）。そのような哲学史が実際に書かれ、また尊重されてもいるのだが、私はそんなものは哲学史ではないと考える。そうした哲学史は、私が否定する規則に従っている。その哲学史は、さまざまな哲学のすべての内容を再生させようとする。しかし私は、すべてを論じようとはしないで、中心にあるもの、奥にあるものを探求する。哲学史という名で書かれたものの大半は、例外なく、どれも同じようなものである。こういう状況なので、哲学史というよりむしろ覚え書きか百科事典であって、読者はそれによって情報かレジュメを受け取ることになる。結局、そのような辞書は、今まで書かれたものを数え上げているにすぎない。

哲学史の研究者たちが半ば逸脱していることについてのリストを作り上げるためには、問題があると同時に批評すべきものでもある仕事に触れておかなくてはならない。それは哲学史の研究者が、分析の対象を「極度に論理的にする」ということである。また彼は、その仕事に欠落や穴や、全体のなかにそぐわない、借り物の文章が含まれているのに、そうした欠点が自分の叙述にあるのを何とも思わないのである。要するに彼は自分の意見のうち光の部分だけに集中しているので、この光を守っている影を無視することになり、そのために彼の意見は修正が求められ、当然のこととして反論も受ける。したがって、こうした否定的なところを無視すべきではない。それはこれからの議論の条件となり、そうした議論を活潑にもするからである。

特に哲学史を「認識論的なものにする」ことが必要であり、哲学史を単なる再現・再生にしてしまう危険から守らなくてはならない。逆に、哲学史が持っている生産的な原理を把握すべきである。その原理からさまざまなものが生まれてくるからである。また、哲学史の理論的な成果の原因を見きわめ、過去の遺産との違いを検討しなければならない。

最も巧みな哲学史の研究者でも、いかさまの仕事に熱中する傾向がある。彼は、古代哲学のなかに近代哲学を先取りするものがあると考えたり（それによって、時代遅れだとか、非現実的だという近代哲学のハンディキャップが救われたとする）、あるいは逆に、（たとえばデカルトの新しい思想には中世のスコラ哲学の名残りがあるというような）近代哲学のなかに古代哲学の残りがあると考える。このようにして、哲学史の研究者はあらゆるものをすりへらし、混合することに成功する。私が注意深く避けた連続性を、彼は復活させる。彼はデカルト、カントによる形而上学のコペルニクス的転回の可能性を否定する。コギト（我思う）が世界を知ろうとしてそのまわりを回っているのではなく、中心にあるコギトのまわりを世界が回転しているのである。これが彼のしていることなのだ。

こういうズレを避けるために、私はいままでとは異なる哲学史を書こうとした。まず第一に、哲学の大部分を統合する哲学史である。というのは、われわれは全体しか理解できないからである。第二に、さまざまな哲学のなかで、まだ決着のついていない、本当の理論的な論争を見分けるような哲学史である。

しかし、このような考え方は困った結果をもたらす。つまり私は、哲学の探求とその構築においてさえも、ひとつの進歩を認めることになりはしないか。もしそうだとすると、誰もプラトンやアリストテレスを、すでに終った哲学者だとして、読まなくなるだろう。しかし、(誰も否定できないと思うが) カントは彼以前のどの哲学者たちよりも、認識の問題をよく解決した。彼以前の哲学者たちは、この問題をきちんと基礎付けなかったために、問題そのものが無効になったのである。ところがヘーゲルは、行きづまったカント哲学を再び取り上げて、その限界から脱出させることになる。

しかし、進歩ということばはわれわれを驚かせ、ショックを与えさえするだろう。というのは、プラトンやアリストテレスが、哲学を時代遅れで古くさいかたちで完成しようとしたとか、だから哲学を彼らまでさかのぼらせることはない、などという意見は誰も認めないからである。

ついでながら、学者もまた、ガリレイの物理学、ラヴォワジェの科学を研究して得をしている。というのは、科学の成果と精神が変化しても、科学の方法は生きているのであり、その方法を隠れたところから引き出してきて考察する価値があるからである。科学の成果よりも、その成果が得られた方法が重要である。プラトンとアリストテレスも、重要な哲学者であることに変わりはない。彼らがわれわれに提供できなかったことを求めてはならない。彼らからは、精神の運動、哲学の構築を作る方法を学ぶべきである（たとえばプラトンの『ティマイオス』は、数学の思想と宇宙の生成とを結び付けている）。

文化に変化があることは誰も否定できない。そう考えるならば、どんな哲学者でも現在はかつてとは異なった思考を求められる。科学・法律・芸術も非常に発展してきたのであるから、哲学もこの重要な変化に処すべきである。

私はさらに先へ進みたい。ソクラテスから今日に至る哲学史を大学時代から研究してこなかったような哲学者がいるだろうか。哲学そのものはひとつの歴史ではなく、それぞれの哲学は先行する哲学とは別のものになろうとしてはいるが、それでも哲学は哲学史の外側に存在するものではない。そして、哲学者は、先行する哲学との戦いに加わることが重要な課題である。哲学者に哲学を教えるのは、歴史的ではない歴史である。

それは進歩であろうか。いずれにせよ、それはたえまのない手直しである。哲学という学問の台座はつねに疑問の対象になる。しかしわれわれは、それぞれの哲学が、先行する哲学が本当は解決できなかった問題を解決できたことを認めなくてはならない。そこには「進歩」があると認めるべきである。カント、そして特にヘーゲルとマルクスのような哲学が重要な理由はここにある。彼らの哲学は前進したのである。

私はニーチェの位置付けをしなかったし、またそれはできなかったが、彼もまた先行する哲学と断絶した。ニーチェはそれまでとはまったく異なる領域を開拓した。フロイトが古典的な心理学に対して演じたのと同じ役割を、ニーチェは哲学に対して演じたのである。ニーチェは哲学の体系を作らないで、あらゆる哲学体系を破壊した。というのは、ニーチェはさまざまな哲学体系の基礎と、その基礎を説明する動機とを問題にしたからである。しかし、反体系の体系というニーチェの哲学は、すべての体系の体系としての哲学と同列には論じられない。私は（デカルトのコギト、ヘーゲルとマルクスの弁証法、それらを超えたところにあるニーチェの探求といった）革命的な契機と、哲学が先行する哲学を修正し、熟成させ、完成していく相対的な不変化な面との区分があいまいになっていることについて考えたい。しかし、このような解説の仕方は、認識論的な見方に基づくひとつの方法を除外することになる。それは、ひとつの著作・作品・論述のすべての解釈を再検討するという方法である（ひとつの時代もしくは異なった時代の著作などについて）。このような哲学史の歴史は本来の歴史ではないが、独断論を遠ざけるのに役立っている。しかしこの作業は、事実として、私が序文で言及したような懐疑論の雰囲気のなかにある、二つのものの混交の重要性を明らかにするものではない。

哲学史についての私の展望に対する批判に答えなくてはならない。第一に、さまざまな哲学にランクを付けてはならない。それぞれの哲学はそれ自体でほかの哲学とは比較できないものであって、あとから来る哲学にも、先行する哲学にもほとんど配慮していないからである。

新しいものを期待して見ようとする哲学と、新しいものから恩恵を受ける哲学――多数派と少数派になるが――との分離は、勝手な判断であり、便宜上のものではないのか。しかし哲学そのものは、このような区別をしようとする。カントの『純粋理性批判』は、哲学の主要な革命を列挙している（先験的方法論、純粋理性の歴史）。哲学の革命を想起するカントは、哲学史の曲線の頂点にあり、彼が開拓した批判の道は「王道」として規定される。しかし私は、自分の展望としては、カントから栄誉を取り除くだけにしておきたい。つまりカントは合理論と経験論、独断論と懐疑論、ヴォルフとヒュームのあいだでの古くからある争いに決着をつけたと考えたのである。これは最後のエピソードにかかわることである（最初のエピソードは、プラトンとアリストテレスにかかわっている）。

他方ベルクソンは、ギリシアから現代にいたる哲学史を提示している。ベルクソンによる哲学史の体系は、中心との距離、一般的に空間を優先させている持続の確認、この二つを基準にして構築されている。また認識論は、さまざまな個別的なものの領域や理論や性質そのものがどのようなものであるにせよ、あらゆる材料がいたるところにあってそれらが集められ、秩序を与えられることを求める。そうすると、ほかのすべての哲学を吸収できた哲学、ほかのすべての哲学を正当なものとし、自らの内側に取り入れた哲学を、哲学史の見取図の頂点に置くのが正しいということになる。それは、実際の役に立つ分類ではなく、多様なものを統合できる哲学を評価することである。同様に、先行するさまざまな哲学を説明できる理由のある哲学は、それらの哲学よりも優位にある。われわれは、観念から観念の観念へ、哲学から哲学の哲学へと進む。

私に対する二番目の非難がある。本書では、さまざまな哲学が骸骨のように並べられているというのである（骸骨ばかりというのは、私の手術が死を招くものである証拠なのだ）。私の要約的な哲学史の最も破壊力のある面は、哲学全体に影響する、許しがたく不当な忘却が原因だという非難である。私のにせもののフレスコ画には穴（マールブランシュ、メーヌ・ド・ビラン、ショーペンハウアー、論理経験学派など）があるというのだ。

こういう非難に対して、私はすでに部分的には答えてきた。私は窒息させるような完全性を拒否する。本質的なもの、重要なものだけを取り上げたからである（私が高く評価する哲学がある一方で、私が価値を認めない哲学をどうするかという問題が残っている）。しかしこの問題は、次のような問題へと移行する。私を非難する人たちが考えているが実際には存在しない哲学の体系は、私が行なったような哲学の配置とその最終的な見取図を無効にするのか、という問題である。無効にしないのであれば、非難は的外れということになる。掘る道具であるつるはしと、掘られる対象としての穴を混同し、テクストのニュアンスや異本、哲学者の手稿、校訂版にあるこまかい変化をあまりにも詳しく検討することによって、学識ある哲学研究者は、結局は哲学の意味を破壊し、見失ってしまう。哲学史の研究者は坂道を下っていくのだが、彼はそこで、翻訳のニュアンス、同じ用語がどれほど使われているか、テクストの削除部分といった、最も取るに足らない細部を重視する。そうではなくて、基本的なものを明らかにすることだけが肝心である。

しかし、私に反対する側は、もしも避けられたり、沈黙させられたりしてきたものが最も重要なことであるならば、哲学史の全体像には欠落したものや手直しされたことがありはしないかと主張するだろう。しかし私の答えは不変である。私の主張には二つの論点があるが、私はこの二点を結ぶ線を引くのであり、私にはそれしかできない。この二つの点に、それらを補うもうひとつの点を加えるか、私が引いた最初の線を延長したところにもうひとつの点を加えたとしても、哲学史の全体のデッサンに変化はないだろう。しかし、もしもこの新しい点が、すでに存在する二つの条件に従わないならば、私が引いた線が切れるのは確かである。それでも最初の直線の部分は残っているだろう。この線に何かを付け加えることはできるが、その線を削除したり、本当に変形することはないだろう。強調しておきたいことだが、哲学史に完全性を求めるのはまったく危険なことなのだ。完全性は不可能である。見落したものは何ひとつなく、あらゆることを想起したなどとは誰も言えない。何かを犠牲にしない限り、本質的なものが見失われるのだ。

最後に、三番目の批判がある。哲学史に連続性（「縦一列」）もしくは「線」を認めると、それが哲学を並べることによって哲学の価値を低下させるので、それぞれの哲学の独創性が見失われるという批判である。私はそうした批判には答えたつもりだが、反論はなおも続く。哲学を並べるための年代順の叙述をなぜ非難しないのか、実際に歴史家が行なっている方法に従ってはいないのかという批判である。

私は並列の二つのタイプを区別してきた。第一のタイプの並列では、さまざまな哲学は応答し合い、あとから来た哲学は先行する哲学を補い、修正する。読者を失望させるような連続性は、ここでは前とあとという区別の存在理由を構成しない。というのは、前とあとのそれぞれが相手がなければ考えられず、相互にかならずつながりがあることを認めるからである。さまざまな哲学を接近させたり、にせの連続性を設定したりするもうひとつの理由は、相互につながりのないさまざまな哲学はパックになるからである。つまり、動かしがたい違いにもかかわらず、さまざまな哲学はひとつのグループを作っている。それらには共通の基盤がある。

哲学の列挙を完全に避けることはできない。私は哲学史のなかで明確に区分できる三つの時期を認めたが、それは私がけっして譲ることのできない証拠、つまり哲学は線のようにつながるものではないということの証拠を支えるものである。すなわち、デカルト、そしてそのあとのヘーゲルとマルクスが、哲学の新しい時代を切り開いた。また、この三つの時期を混同することはできない。たとえば、第二の時期の部分を、第一もしくは第三の時期の部分で説明することはできない。

しかし私が、私に対するこのような批判的な意見を避けるのは、マルクスに関してのもっときびしい批判に立ち向かうためである。つまり、マルクスとハイデガーという極度に対立する二人の哲学者をなぜ同列に扱うのか、それは「ごたまぜ」ではないかという批判である。

ここには、私にとって同時代の哲学に固有な特徴を規定する機会がある。私はさまざまな哲学の違いを考慮しつつ、哲学を六つのグループに分けた。それらはもっと大きなひとかたまりになるが、私はそれらを区別する三つの側面を示しておきたい。

A．それらの哲学はいずれも、迫り来る科学主義と戦った。それらはまた科学技術とも争った。力学に対して神秘的なものを代置する（ベルクソン）というところまでは行かないとしても、それらの哲学者は少なくとも機械の進歩を望んでいた。それほどまで初期のエンジンはわれわれを征服していたのである。彼らは自分たちを絶対視したので、科学の成果が不十分であることを強調した。実証主義の哲学者とされるオーギュスト・コントは、実証主義者の名に値しない（この実証主義の哲学者は、誰よりも共同体とその象徴的な儀式を重視した）。同じように、マルクスがことばの通常の意味での唯物論を擁護した哲学者だと考えてはならない。唯物論は特に十八世紀に発達した、還元的な哲学であって、とりわけブルジョワジーと、彼らにとって有利な抽象的な思想とに役立ったものである。

B．もうひとつの共通の特徴は、Aと類似している。これらの哲学者は現在のある部分から目をそむけ、われわれが知っている世界に固有の失敗を回避するはずの未来に向かって働きかける。マルクスは、資本主義をやめて、抑圧されているプロレタリアートを解放せよと主張した。他方ハイデガーは、土地、家、祖国、散歩道、田舎の生活に近い状況といった、われわれの最も大切なものを保護してくれる世界のために戦った。彼は、われわれが失った世界へ戻ることを主張した。マルクスとハイデガーという二人の哲学者は反対の方向に進みはしたが、二人とも、不正と真正でないものからわれわれを解放する未来を夢見ていたのは確かである。ベルクソンは、閉じられていてあまりにも儀式化された社会と戦うことを宣言した。サルトルは無気力な態度に反対し、革命的なグループに入り込むことを望んだ。バシュラールは、われわれを動けなくしてしまう執着から解放するひとつの科学的な都市を約束した。そこでは想像力が、なかなか消えようとしない古い考え方からわれわれを解放するのである。

C．最後に、当然のことであるが、それらの哲学はあらゆる「非体系性」に依存している。

崇高な綜合、思想の大聖堂の時は終った。ヘーゲルとマルクスが幕を下したのである。したがって、同時代の哲学者の義務は、専門研究にはげみ、自制することであり、それぞれの哲学が存在のひとつの領域、自分のひとつのテリトリーを選ぶことになった。

二つの時期の中間に位置するマルクスは、政治経済学を選んだ。コントは共同性と人類教を、バシュラールは認識論を、ベルクソンは持続と進化に含まれるものを、ハイデガーは実存を、サルトルは意識的な生を選んだ。これに対して、それまでの形而上学者は世界全体を考察の対象としていた。

結論として、私の見解の三つの特徴をまとめておく。破壊的で誤った客観主義との戦い、モラルの尊重、ひとつの領域の選択である。

私は自分の展望が正しいと考えている。つまり、集めてそして分けることが重要である。もしも私が哲学をひとまとめにして提示するならば、私は哲学を差異化し断絶させるという義務を怠ることになる。私はまた、特に排除すべきものである年代順の叙述に戻ることもあろう。ただし、哲学史が歴史のなかで動くものであるとするならば、哲学史は歴史的な固定されたものではありえない。さらに、さまざまな哲学を並列したり、前後に並べたりするならば、それらの哲学相互の違いが見えなくなり、すべてが混同される。きわめて受け入れがたい邪道は、哲学史家が「選集」に固執することである（どういう基準で選ぶというのか）。それは哲学の解体である。たとえ哲学に分割が重要であるとしても、その結果として全体が犠牲にされる。全体とそれ固有の分割という、相反する二つの要求にわれわれは応じなくてはならない。

そこで私は、古代、古典時代、現代という三分法を改めて主張したい。というのは、この区別（三つの時期）が私の見取図の中心にあるからである。古代哲学は、宇宙の構築そのものを探求しようとした。古代哲学が知ろうと努めたのは、宇宙を構成し、その規則性と調和とを説明する法則であった。そして古代ギリシアの理想の都市国家は、宇宙というモデルをそれなりに再構成しようとするものであった。

哲学が現実世界へのこのような従属から離脱すべきであったのは当然である。デカルトの哲学があのような転回（コペルニクス的な革新）を行なったのはそのためである。コギトはそのなかに宇宙そのもの（自我・神・世界）を含んでいる。デカルト以降は、現実を知るためには思考すれば十分であった。私はデカルトのこの観念論的哲学が、それを破壊する哲学の誕生を阻止しなかったことを立証できた。それは、自律する実在を賞揚し、理論化する経験論の哲学である。カントは観念論と経験論の妥協に失敗したが、もろもろの哲学の哲学であるヘーゲルの哲学はその動きを完成し、マルクスがそれに手直しを加えた。そのあと、文化の多様性の時代、しばしば破壊的な問いかけの時代が到来する。それは、グループを作り直し、再び交差させ、統一する古典哲学体系の時代とは異なるものである。

現代哲学（本書の第三部）は、他の時期の哲学ほど野心的ではないが、それでもなお、周囲に存在していて、同時代の哲学の支配を離脱している理論を無視してはいない。その理論とは、心理学・言語学・民族学・経済学・美学・都市論などである。哲学的なものの支配を小さくするこの離脱によって、それらの理論は自らの独立性を失うこともあり、またその独立性を利用することにもなった。現代哲学は、理論のこのような混交をもはや恐れはしない。というのは、現代哲学それ自体が統一性というものを捨て、自らを発展させるためには、われわれの宇宙のひとつの領域だけに留まらなくてはならなかったからである。

私が述べてきたような大きな分割の存在理由は何かという問題が残っている。その分割にはいくつかのタイプがあることを認めるべきだと私は考える。すべての不一致が似ているわけではない。カントの哲学はきわめて独自なものを提示した。カントはひとつの転回点に位置している。カントが「独断論の眠り」に入っていたとき、経験論が突然に彼を不安にした。実在のかかわりなしに、どのようにして水と火を調和させ、合理性を救い出すか。カントはこの問題について、忘れることができないような解決へと進んだ。その解決は哲学のかたちを変えるものであった。しかしその解決が有効でないことが判明すると、それはさらに次の解決を求めるものであった。

しかしながら、哲学が一般的な体系を作るのをやめ、たえず破壊的な批判的分析という道をたどろうとして、思考する野心を縮小しなければならなかったのが事実とすれば、哲学は貧しくなったのではないのか。

　私はそうは考えない。というのは、哲学はいままで欠けていた鋭さを持つようになったからである。すでに述べたように、哲学はいまや社会・政治的な未来に向かって仕事をしており、新しい価値の出現に専念している。新しい価値に無関心な哲学は近代性が欠けていて、近代性の理論と関係がなくなり、破滅する。われわれの仕事の大半において、モラリストが存在することは疑えない。あらゆるものを含みまたすりへらしてしまう綜合という最悪の牢獄から哲学は逃れている。

　アカデミズムの哲学史は、断念そして裏切りとしての価値しかない。われわれがスピノザ、ライプニッツの時代を再考するとすれば、それは彼らの哲学の近代化を求めるためにすぎない。しかしそうすればわれわれは雑種的で反自然的な哲学を作るか、あるいは別の方向で、純粋に学識を高めて自分に閉じこもることになる。こういう邪道を避けるための解決はひとつしかない。それは、重要な理論がはっきり見えるように、長い時間を視野に入れて、反対する者（なされつつある否定の意見）がすべて反論できるようにすることである。

　こういう状況のなかでは、哲学史については、私が『入門のための哲学用語一〇〇』において、哲学用語に関して行なったのと同じ扱いはできない。私のこの前書では、哲学用語についてのていねいな検討が有効であったが、本書ではそれをしなかった。

　このような新しい考え方の証拠を示す必要があるだろうか。現代哲学は嵐さえも知っている。最も強固なわれわれの制度もその嵐には抵抗できない。生物学（ＰＭＡ、Ｐａｃｓ、ＩＶＧ）は家族の基礎をゆるがし、テクノロジーは、人間と機械の新しい関係を求め、国家は拡大を計って、もっと大きくそして競争的な統合体のなかに溶け込もうとしている。要するに、都市国家が再構成されなければならない。都市国家は、変化を考え、方向を決めるために哲学を必要としている。台座から降りた哲学は、その革命的な使命を実行しなければならない。それはすでにマルクスが哲学に与えた使命である。マルクスは、われわれがまだ支配され続けている不平等な経済と戦うことを哲学に求めたのである。

# 訳者あとがき

一読して了解されるように、本書はかなり異色の西洋哲学史である。このような、いままでのものとは多くの点できわめて変わった、新しい西洋哲学史を翻訳する意義はどこにあるのか。

現実が不安定な時代ほど哲学への要求が高まる。ヘーゲルが『精神現象学』を刊行した一八〇七年は、ナポレオンがヨーロッパをゆさぶった時代であった。サルトルの『存在と無』は第二次世界大戦のさなかである一九四三年に刊行された。そして、二十一世紀初頭の現代もまた危機の時代であり、新しい哲学への期待が高まりつつあると言っていいであろう。

それと同時に、過去の哲学の遺産をどう見るかという作業も絶対に必要である。最近はジャーナリズムの世界においてさえ、哲学者の名前がしばしば登場する。デリダやドゥルーズの思想が若い人たちのあいだで話題になる。そうした哲学者の思想とは何か。あるいは、哲学とは何か。それを知るには、とりあえず哲学の歴史を知っておく必要がある。しかし、無味乾燥な、哲学者を羅列した哲学史では面白くない。そう考えている人たちにとって、まさに打ってつけの哲学史が本書である。

現代は専門化の時代である。自然科学の領域でも、ちょっと専門が違うと隣の研究室で何をしているのかわからないといわれる。哲学研究の世界でも同じで、たとえばデカルトについての特殊研究は非常に細かいところまで進んでいるが、それを他の領域の問題と関連させる作業が不足している。まして、古代ギリシアの哲学から現代のデリダにいたる全体を俯瞰するような哲学史を書ける学者はほとんどいないであろう。もしも西洋哲学史があるとしても、それはそれぞれの専門家が、自分の得意とするところを記述し、誰かがそれを編集するという形式にならざるをえないであろう。

本書の著者は、とにかくひとりだけで、古代から現代までの西洋哲学通史を書くという困難な仕事にあえて挑戦した。

しかもその方法はきわめてユニークである。哲学者たちを縦に並べるのではなく、「断絶」を発見して、区切るという方法である。区切るためには、先行する哲学者に対して異議を申し立て、新しい哲学を開拓した哲学者だけを取り上げるという方法である。羅列せず、分断する。

本書では二〇の哲学が論じられているが、いずれも先行する哲学を否定・批判することによって新しい思想を創り上げた哲学者である。そこで、たとえば「デカルトの新しい思想はすでにアリストテレスに潜在的に存在していた」といった見方は拒絶される。デカルト、カントは「形而上学のコペルニクス的転回」を行った哲学者にほかならない。ヘーゲルを現代哲学の先頭に置いて、彼こそ「哲学史の第三の時代」の創始者だとするのも独自の見解である。ヘーゲルは「迷い込んだ袋小路から哲学を救い出した」思想家である。

著者はサルトルで筆を止めている。その後、西洋哲学はドゥルーズ、フーコー、デリダ、アルチュセール、ラカンといった星座的思想家群によってさらに展開するが、その中心的な概念のひとつである「脱構築」の対象が、本書で論じられている西洋哲学全体であることを考慮するならば、われわれは同時代の新しい思想を考えるためにも、本書のような特色のある哲学史をひもとく必要がある。

本書の翻訳には多くの方々のお力添えを頂いたが、なかでも齋藤範氏の献身的なご協力には特にお礼を申し上げたい。また、編集を担当されたＰＨＰ研究所の姥康宏氏にも厚くお礼を申し上げる。文中に過去の哲学文献からの多くの引用があるが、訳者・出版社の表記がないものは拙訳である。

二〇〇六年七月七日

宇波　彰

〈著者略歴〉

**フランソワ・ダゴニェ**（François Dagognet）

現代フランスの代表的な哲学者。アグレガシオン審査委員。

新しいモラルの合理性を立証する現代的な思想家であると同時に、認識学、科学哲学の第一人者である。

そもそも哲学とは何か、どうしたら「知性」が現代のわれわれの役に立つのかを模索していることでフランスの若者にも人気が高い。

著書に、『病気の哲学のために　明日への対話』（産業図書）、『面・表面・界面――一般表層論』（法政大学出版局）等がある。

〈訳者略歴〉
**宇波 彰**（うなみ　あきら）
1933年静岡県浜松市に生まれる。東京大学大学院（哲学専攻、修士課程）修了。明治学院大学文学部教授を経て、2005年まで札幌大学文化学部教授。
著書に、『引用の想像力』（冬樹社）、『批評する機械』（ナツメ社）、『記号のエコロジー』『批評のパトロジー』『同時代の建築』（以上、青土社）、『誘惑するオブジェ』（紀伊國屋書店）、『記号論の思想』（講談社学術文庫）、『デザインのエートス』（大村書店）他。訳書に、ドゥルーズ『ベルクソンの哲学』『プルーストとシーニュ』、モラン『時代精神』『プロデメの変貌』（以上、法政大学出版局）、ドンズロ『家族に介入する社会』（新曜社）他多数ある。

**世界を変えた、ちょっと難しい20の哲学**

2006年9月1日　第1版第1刷発行

著　者　フランソワ・ダゴニェ
訳　者　宇　波　彰
発行者　江　口　克　彦
発行所　ＰＨＰ研究所
東京本部　〒102-8331　千代田区三番町3番地10
文芸出版部　☎03-3239-6256（編集）
普及一部　☎03-3239-6233（販売）
京都本部　〒601-8411　京都市南区西九条北ノ内町11
PHP INTERFACE　http://www.php.co.jp/

制作協力
組　版　ＰＨＰエディターズ・グループ
印刷所
製本所　共同印刷株式会社


ISBN4-569-65421-5